Friedrich Kaiser

Verrechnet

Original-Characterbild mit Gesang in drei Acten

Friedrich Kaiser

Verrechnet
Original-Characterbild mit Gesang in drei Acten

ISBN/EAN: 9783744631495

Hergestellt in Europa, USA, Kanada, Australien, Japan

Cover: Foto ©Thomas Meinert / pixelio.de

Weitere Bücher finden Sie auf **www.hansebooks.com**

Wiener

Theater-Repertoir.

93ne Lieferung.

Preis 60 Neukreuzer oder 12 Sgr.

Verrechnet!

Original-Characterbild mit Gesang in drei Acten

Von **Friedrich Kaiser.**

Musik von Kapellmeister **Carl Binder.**

Den Bühnen gegenüber als Manuscript gedruckt.

Wien, 1862.

Verlag der Wallishausser'schen Buchhandlung (Josef Klemm),

Stadt, hoher Markt 841. gegenüber dem Galvagnihof.

Wiener Couplets.

Sammlung von 90 der neuesten und besten Couplets und Theatergesänge,

die in Stücken von

**Berg, Berla, Bittner, Blank, Böhm, Doppler, Elmar, Feldmann, Flamm,
Gollsleben, Frois, Grün, Gründorf, Hassner, Juin, Kaiser, Langer,
Mergerle, Nestroy und Anderen**

von den beliebtesten Komikern Wiens gesungen werden.

Drei Hefte. Gr. 8. geheftet Preis 1 fl. 50 kr. oder 1 Thlr.

Jedes einzelne Heft 50 kr. oder 10 Sgr.

Wiener Theater-Repertoir.

1. Lieferung: Rothe Haare. — Das Pamphlet. 2 Lustspiele von M. A. Grandjean. Zweite Auflage. 7½ Sgr. oder 35 Nkr.

2. — Heimlich. Lustspiel in 1 Akt, von Grandjean. 7½ Sgr. oder 35 Nkr.

3. — Die geheime Mission. Lustsp. in 3 Akten von M. A. Grandjean. 7½ Sgr. oder 35 Nkr.

4. — Eine arme Schneiderfamilie. Traumgemälde mit Gesang, Tanz und Tableaux in 3 Abtheilungen, von Jos. G. Böhm. 8 Sgr. oder 40 Nkr.

5. — Doktor und Friseur, oder: Die Sucht nach Abenteuern. Posse mit Gesang in 2 Akt., von Friedr. Kaiser. Zweite Auflage. 7½ Sgr. oder 35 Nkr.

6. — Der Pelzpalatin und der Kachelofen, oder: Der Jahrmarkt zu Rantenbrunn. Posse mit Gesang in 3 Akten, von Friedrich Hopp. 10 Sgr. oder 50 Nkr.

7. — Der Mentor, Lustspiel in 1 Akt, nach dem Franz. frei bearbeitet von J. W. Lembert. Zweite Auflage. 7½ Sgr. oder 35 Nkr.

8. — Der Freund und die Krone. Romantisches Schauspiel in 4 Akt., von J. W. Lembert. Neue Auflage. 8 Sgr. oder 50 Nkr.

9. — Zum ersten Male im Theater. Posse in 1 Akt, von Fried. Kaiser. 7½ Sgr. od. 35 Nkr.

10. — Der Gang ins Irrenhaus. Lustspiel in 1 Akt, nach dem Französischen von Herzenstron. Zweite Auflage. 7½ Sgr. oder 35 Nkr.

11. — Donna Diana. Lustspiel in 3 Akten, nach dem Spanischen des Moreto von C. A. West. Vierte Auflage. 12 Sgr. oder 60 Nkr.

12. — Müller und Schiffmeister. Posse mit Gesang in 2 Akten, von Friedr. Kaiser. 10 Sgr. oder 50 Nkr.

13. Lief. Die Tochter des Kapitains. Schauspiel in 3 Akten, nach dem Französischen von Col. Gartner. 7½ Sgr. oder 35 Nkr.

14. — König und Aebtissin. Trauerspiel in 3 Akten nebst einem Vorspiele, von Alexander Patuzzi. 8 Sgr. oder 40 Nkr.

15. — Alle Mittel gelten. Lustspiel in 1 Akt. nach Scribe. v. L. Julius. 7½ Sgr. od. 35 Nkr.

16. — Eine Jugendsünde. Lustspiel in 1 Akt. frei nach dem Französischen, von L. Julius. — Georgl. Posse in 1 Akt, von L. Julius. 7½ Sgr. oder 35 Nkr.

17. — Olga. Lustspiel in 1 Akt, frei nach dem Französischen von L. Julius. 7½ Sgr. oder 35 Nkr.

18. — Zwei Pistolen, oder: Erschossen und lebendig. Posse mit Gesang in 2 Akten, von Friedr. Kaiser. 10 Sgr. oder 50 Nkr.

19. — Der Bräutigam ohne Braut. Lustspiel in 1 Akt, v. Herzenstron. Zweite Auflage. 7½ Sgr. od. 35 Nkr.

20. — Ein Mädchen ist's und nicht ein Knabe. Lustspiel in 1 Akt nach dem Französischen, von Herzenstron. Zweite Auflage. 7½ Sgr. oder 35 Nkr.

21. — Elias Regenwurm, oder: Die Verlobung auf der Parforcejagd. Posse mit Gesang in 2 Akten, v. Friedr. Hopp. 12 Sgr. od. 60 Nkr.

22. — Hoang-Puff. Posse in 1 Akt, nach dem Französischen der Herren Caignez u. Louis, frei bearbeitet von Herzenstron. Zweite Auflage. 7½ Sgr. oder 35 Nkr.

23. — Der Kuß an den Ueberbringer. Lustspiel in 1 Akt nach dem Französischen des Scribe von Herzenstron. Zweite Auflage. 7½ Sgr. oder 35 Nkr.

Verrechnet!

Original-Charakterbild mit Gesang in drei Acten

von

Friedrich Kaiser.

Musik von Kapellmeister Carl Binder.

Zum ersten Male im k. k. priv. Carltheater in Wien mit glänzendem Erfolge aufgeführt.

Personen:

Emilie, verwittwete Baronin von Weißborn.

Eugen, vier Jahre alt, ihr Kind.

Heinrich Richmond, Oberster eines Cavallerie-Regiments.

Frau Margareth, Müllerin.

Lois, ihr Sohn.

Brikmann, Gutsinspector von Weißborn.

Elise, sein Weib.

Rosa, seine Tochter.

Norbert, Revierjäger.

Mischler, Gemeindewirth.

Doctor Schlepper, }
Doctor Liebmann, } Notare.

Martin, ein alter Bettler.

Caspar, Müllerbursche.

Michel, Brikmann's Knecht.

Franz, }
Hanns, } Bauerburschen.
Mar, }

Ein Commissär.

Jäger, Müllerburschen, Landleute, Musikanten, Gerichtsdiener, Dienerschaft.

Erster Act.

(Romantisches Gebirgsthal, zu beiden Seiten aufsteigende waldige Höhen — auf einer Seite, mehr dem Hintergrunde zu, das Mühlgebäude, dessen Rad von einem von der Höhe herabstürzenden Gießbach getrieben wird, über diesen führt eine aus Baumstämmen gezimmerte Brücke, das Häuschen ist von einem kleinen in üppiger Blüthe stehenden Gärtchen umgeben, welches gegen die übrige, mehr düstere Landschaft einen wohlthuenden Contrast bildet. Vor dem Hause steht ein kleiner Karren, auf welchen die Mühlburschen eben Mehlsäcke laden.)

Erste Scene.

Die Müllerbursche, Lois, dann
Frau Margareth.

Lois (kommt in seinem Festanzuge, sorg-
fältig geputzt, lustig aus dem Hause, und singt
während des Geklappers der Mühle folgendes
Lied):

Bei mir treffen b'Feiertag
Nicht a so ein,
Wie's just im Kalender
Roth ang'strichen sein!
Am Sonntag da sitz' ich
Oft traurig daham,
Und bin fast so z'wider
Wie d'alte Frau Mahm.
Mein Herz ist da ausg'hängt
Wie's Rad in der Mühl',
D'rum ist's auch so entrisch
So todtschlachtig still!

Ein Werkeltag aber,
Wie heut einer is,
Der ist mir viel lieber
Als b'Feiertag g'wiß!
G'rab wie, wenn auf's Rad dort
Der Gießbach b'raußfallt,
Da dreht sich's und klappert
Und rührt sich mit G'walt,
G'rab so, wenn in's Herz da
Die Freud will einkehr'n,
Da hammert's und schlagt's, daß
Man's stund'weit könnt hör'n!

(In das Mühlgeklapper einfallend.) Tick, tack!
Tick, tack! (Aufjauchzend.) Juhe! Juhe!

Fr. Marg. (ist schon während des Liedes
aus dem Hause in das Gärtchen getreten, hat
ihm verwundert zugehört, und ruft nun über
den Zaun). Aber Lois!

Lois (mitten unter seinem Jubel fast erschreckt und beschämt). Ah, b'Frau Mutter!
Ist b'Frau Mutter schon auf?

Marg. Hätt' mich's Mühlrad nicht auf-
g'weckt, so hätt's dein G'juhez thun müssen! Was macht Dich denn heut' auf einmal gar so lustig?

Lois (sich verstellend). Hm! Ich weiß
selber nicht — 's ist halt schon so nicht ein
Tag wie der and're — das macht's Wetter!

Marg. (indem sie aus dem Gärtchen her-
austritt). So — 's Wetter? Haben wir doch
schon b'ganze Wochen schön's Wetter!
(Sieht auf den Karren mit den Säcken.)
Hahaha! — ja, ja — 's Wetter! Wenigstens weiß ich jetzt, woher der Wind weht.
— (Deutet auf die Mehlsäcke.)

Lois (verlegen). Was meint denn b'Frau
Mutter?

Marg. Auf den Säcken ist ein großes
W gemalt —

Lois. Na, und das W —

Marg. Das W bedeutet das Herrenhaus in Weißborn, und dort —

Lois (für sich, indem er ernst vor sich hin-
blickt). Ja — dort ist mein Weh!

Marg. (sieht ihn besorgt an). Siehst es,
jetzt schlagst wieder b'Augen so traurig nieder! — Ich sag's ja, 's wär' g'scheidter
g'wesen, Du wär'st nie nach Weißborn hinüber g'fahren!

Lois. Ich weiß nicht, von was b'Frau
Mutter red't!

Marg. Geh'! verstell' Dich nicht — ich
hab's längst weg — dem Inspector seine
Tochter, die Fräule Rosi —

Lois. Was der Frau Mutter nicht ein-
fallt.

Marg. Ja, ja, jetzt willst Du's läng-
nen, weil Du's selber einsehen mußt, daß
so eine Lieb' ein Unsinn ist, der alte reiche
Brikmann wird Dir seine Tochter geben!
Kannst Du denn so etwas denken?

Lois (immer verstimmter). Wer denkt
benn auch b'ran?!

Marg. Und wenn noch b'Fräuln Rosi
selber anders wär' — nicht so hochnasig
und aufgeblasen —

Lois (rasch). Nein, das ist sie nicht —
b'Frau Mutter sollt sie nur einmal hören,
wie lieb und freundlich sie allemal mit
mir plaudert, wenn ihr Vater just nicht
da ist. —

Marg. Ja, wenn Niemand da ist — aber an Sonntagen, wenn sie so mitten unter den Leuten aufgeputzt aus der Kirchen geht, da will sie's oft gar nicht bemerken, wenn Du sie grüß'st, oder nicht höchstens vornehm mit dem Kopf, grad so wie eine Herrschaft gegen einen Dienstboten.

Lois (beißt sich in die Lippen, drückt seinen Hut in den Händen zusammen, mehr für sich). Ja, so is's! Mir kommt's wohl manchmal selber so vor, als wenn sie sich vor den Leuten schämte, daß ein Bursch wie ich — (Zu Margareth.) Geh' b' Frau Mutter, b' Frau Mutter hat mir wieder den ganzen Tag verdorben. (Setzt sich verstimmt auf eine Rasenbank nieder.)

Marg. (zu ihm tretend). Besser auf einen Tag b' Freud verdorben, als jahrlang sich um nichts und wieder nichts das Leben hinunterfressen! Gib den Gedanken auf, Lois! Du hättest schon lang' heiraten können, und es ist Dir Keine anständig g'wesen, und die Rosl ist doch nicht das einzige saubere Mädel, es sind noch Andere g'nug da, die sich eine Ehr' d'raus machen, wenn ein Bursch' wie Du ein Aug' auf sie haben wollt'!! Und b'rum zeig' dieser stolzen Person, daß Dir nichts daran liegt, fahr' nicht allemal selber mit dem Mehl hinüber, schick' den Knecht, — man muß solchen Leuten zeigen, daß man auch noch auf was Anderes stolz sein kann, als auf ein paar Säck' voll Thaler! — So — (Indem sie sich zum Gehen wendet, und das Folgende, während sie in's Haus zurückgeht, spricht) g'reb't hab' ich und Du hast mich verstanden, jetzt richt' Dir's darnach ein. (Ab.)

Lois (springt wieder von seinem Sitze auf). Ja, b' Frau Mutter hat Recht — die Rosl schämt sich, daß ich sie so über Alles gern hab', und warum? Ich bin ihr zu arm! — Aber so reich als ihr Vater ist, ich möcht' sein Geld doch nicht, wenn ich's auf die nämliche Art verdient haben müßt, wie er! — 'S ist ja kein Geheimniß — er hat freilich ein paarmalhunderttausend Gulden im Vermögen, und ich — ich hab' nichts, als meine Mühl' da, — aber die hat mein seliger Vater von ehrlichem Geld bauen lassen, und ich verdien' mir ehrlich mein Brot — kein Mensch kann mir was Unrechts nachsagen. — Ja, Recht hat b' Frau Mutter! Man kann auch noch auf was Anders stolz sein, als auf ein paar Säck' voll Thaler! — Und das will ich Denen auf dem Herrenhof drüben zeigen! Ich fahr' gar nie mehr selber hinüber! (Ruft einem Mühlburschen.) He, Casper! zieh' Dich an — Du führst nachher das Mehl nach Weißborn hinüber!

Zweite Scene.
Vorige. Brikmann.

Brikm. (Im Costüm eines reichen Landwirthes kommt seitwärts von einer Anhöhe herab).

Lois (ihn erblickend, für sich). Ha! da kommt ja ihr Vater — er selber, — aber just recht — jetzt will ich ihm's gleich spüren lassen!

Brikm. (kommt hastig auf Lois zu, besieht ihn von Kopf bis zum Fuß, wirft dann einen Blick auf den Karren, dann barsch). Aha! — Merk's schon! — Wird aber nichts d'raus! (Heftiger.) 'S wird nichts d'raus, sag' ich!

Lois. (mißt ihn ebenfalls mit den Blicken). Mir scheint, g'frühstückt (mit der Pantomime des Trinkens) haben Sie heut' schon, Herr Brikmann!

Brikm. Was will man damit sagen?

Lois. Daß Sie g'rad so reden, als wenn Sie selber nicht sähen, was Sie reden!

Brikm. Ich hab' g'sagt — es wird nichts d'raus — das ist deutlich genug g'reb't!

Lois (lachend). Ja, aus was soll denn nichts d'raus werden?

Brikm. Weiß Alles — errath' Alles! — (Lois an der Jacke fassend.) Sonntagsg'wand — (auf den Karren weisend) dort mein Mehl — wieder selber hinüberfahren wollen — bei meiner Tochter scherwenzeln wollen — (dumm verschmitzt lachend.) Haha! Was!

Lois. Ha ha ha! Aber wie Sie Alles errathen!

Brifm. Alles! Ungeheurer Scharfsinn!

Lois. Warten Sie ein wenig — Du
— Casper! (Casper tritt vor.) Was hab' ich
Dir g'rad g'schafft?

Casp. Daß ich mich anziehen und die
Mehlsäck auf's Herrenhaus hinüberführen
soll!

Brifm. (erstaunt). Du?

Casp. Na, wer denn sonst?

Lois. Na — geh' nur und mach', daß
Du fortkommst!

Casp. (geht zurück, die Mühlburfche schieben
den beladenen Karren hinter die Couliffe, und
entfernen sich darauf alle).

Lois (zu Brifmann). Na, was sagen Sie
denn?

Brifm. (etwas verblüfft). Hm! Ich —
ich hab' halt geglaubt —

Lois (nachspottend). Alles errathen!
Ungeheurer Scharfsinn!

Brifm. Spottet nicht — oh ich kenn'
Euch doch — kenn' Euch!

Lois. Na, ich kenn' Sie auch — 's ist
nur allweil b'Frag', als was man Jemanden kennt. —

Brifm. (verdußt). Als was? Wie meint
Ihr das? — Als was kennt Ihr mich?

Lois. Na, ich hab' Sie zuerst gekannt
als Kammerdiener des verstorbenen Baron,
da waren Sie noch ein armer Teufel. —

Brifm. Na, und was weiter?

Lois. Na, und nachher hat Ihnen der
Herr Baron die Inspection über's ganze
Gut überlassen — fünfzehn Jahr sind Sie
Inspector — in der Zeit ist der Baron all-
weil tiefer in Schulden gekommen, und Sie
— Sie sind allweil reicher geworden. —

Brifm. Das beweist nur, daß ich ein
befferer Deconom bin, als der felige Baron
war, und als Deconom war ich angestellt.

Lois. Mit 600 Gulden Jahrgehalt —
und jetzt haben Sie ein Vermögen von ein
paarmalhunderttausend Gulden — hat Ihnen die der Baron vielleicht geschenkt?

Brifm. Dumme Frag'!

Lois. Oder haben Sie's in der Lotterie
gewonnen?

Brifm. Ich setz' nie in die Lotterie —
aber was sollen all' die Fragen?

Lois. Sie sollen Ihnen nur zu verstehen geben, als was ich Sie kenn'!

Brifm. Na, als was?

Lois. Als ein Mann, der ein großes
Vermögen nicht erworben — nicht
g'schenkt kriegt, nicht gewonnen hat!
Wie man aber Einen heißt, der sein Vermögen auf eine and're Art als auf die,
die ich genannt hab', zusammenbringt, das
werden Sie als ein Mann von fo unge-
heurem Scharffinn nicht erst von mir zu
erfragen brauchen. B'hüt' Sie Gott, Herr
Inspector! (Will ins Haus.)

Brifm. (für sich). Verfluchter Kerl!
(Ruft ihm nach.) Wartet ein bißchen! kommt
her!

Lois (zurückkommend). Was schaffen Sie
noch?

Brifm. Wißt Ihr, als was ich Euch
kenn'?

Lois. Na?

Brifm. Als einen Grobian!

Lois. Wenn ein armer Teufel sich gegen
einen reichen Herrn so recht von der Leber
weg g'reden traut, so ist das ein Beweis,
daß er ein ehrlicher Kerl ist!

Brifm. (etwas milder). Na ja — Alles
recht — ein ehrlicher Kerl seid Ihr — sonst
ließ ich mein Korn schon lange nimmer bei
Euch mahlen — die andern Müller in der
Näh' sind alle Spitzbuben, denen komm'
nicht einmal auf! (Wieder heftig.) Aber
das gibt Euch noch kein Recht, meinem
Mädel den Kopf zu verrücken!

Lois (aufmerksam, fast freudig). Was?
was sagen Sie da?

Brifm. (immer heftiger). Was ich weiß
— läugnet's nicht! War das Mädel allweil
fo vernünftig — war Alles ausgemacht,
daß mein Vetter, der Apotheker, sie heiraten soll. —

Lois (verstimmt). Was?

Brifm. Und jetzt, wie ich den Verlo-
bungstag bestimmen will — jetzt weigert
sie sich auf einmal.

Lois (wieder auflebend). Weigert sich —?!

Brikm. Redet vom Nichtgefallen — vom Nichtliebenkönnen. Und wie ich sie frag', wie denn ein Mann ausschauen soll, damit er ihr gefalle, hat sie die Keckheit mir zu antworten: »Na, ungefähr so wie der Müller Lois.«

Lois (in der ausgelassensten Freude dem sich dagegen sträubenden Brikmann um den Hals fallend). Was — was? — Das hat sie g'sagt?

Brikm. (sich wehrend). Teufel noch einmal! Was hat denn der Kerl? Loslassen!

Lois (wie oben). Nein, nein, für das muß ich Sie umarmen — ein Bussel geb' ich Ihnen dafür! (Küßt ihn.)

Brikm. (sich den Mund abwischend). Himmelsapperment! was erlaubt Er sich?

Lois. Und noch ein Bussel, und noch eins! (Will ihn wiederholt küssen.)

Brikm. (ringt sich endlich los, mit der Hand aufreibend). Ihr werdet gleich was Anders fangen! — Der Kerl ist ja rein wahnsinnig!

Lois (indem er in der freudigsten Aufregung rasch auf und ab geht). Ja — ja — wahnsinnig vor Freud. (Mit innigem Triumphe.) Sie hat's ihrem Vater selber g'standen! Sie schämt sich also doch nicht.

Brikm. (in fortwährender Erbitterung ihm auf jeden Schritt folgend). Nein — sie schämt sich nicht! das ist eben ihre Unverschämtheit — und diese Grundsätze habt Ihr ihr in den Kopf gesetzt — aber sie müssen wieder heraus!

Lois. Wie ich muß der Mann ausschauen, der ihr g'fällt, wie ich!

Brikm. Ihr werdet aber curios ausschauen, wenn ich Euch noch einmal auf dem Herrnhof drüben seh' — ich laß Euch von meinen Knechten durchplöbern, daß Ihr alle Farben spielt!

Lois (ohne auf ihn zu achten). Sie hat mich gern — jetzt weiß ich's — jetzt ist Alles — Alles gut!

Brikm. (faßt ihn plötzlich am Arme und zwingt ihn dadurch still zu stehen). Was ist gut? nichts ist gut! — Ich bin noch da!

Lois. Nach Ihnen wird gar nicht g'fragt. —

Brikm. (starr vor Wuth). Wa — was? nach mir — nicht g'fragt?

Lois. Meine Sorg' war nur immer, ob die Rosl mich gern hat — jetzt weiß ich das — und wenn zwei Leute sich nur recht gern haben, das ist ja eine alte G'schicht, da gibt's kein Hinderniß mehr! — Sie wird doch noch mein Weib!

Brikm. Meine Tochter wird nie ein Weib — meine Tochter wird eine Frau — eine Frau Apothekerin!

Lois. Sie wird eine Müllerin —

Brikm. Kerl! ich schlag Dich nieder!

Lois (scherzend). Ah — werden doch gegen Ihren Schwiegersohn nicht so grob sein!

Brikm. (in höchster Wuth). Ich vergreif' mich an Dir. (Will ihn an der Brust packen.)

Lois (packt ihn kräftig an den Oberarmen). Halt! halt!

Brikm. Auweh! er bruckt mir die Knochen auseinander — zu Hilfe! zu Hilfe!

Lois (führt ihn, ihn fortwährend haltend, bis zur Rasenbank und drückt ihn auf dieselbe nieder). Ich bitt', nehmen Sie Platz! — So, sehen Sie, ich hab' Ihnen gezeigt, daß Sie's mit mir nicht aufnehmen können — ich bin zu stark — aber meine Stärk sitzt nicht bloß in den Händen, sie sitzt auch da — (aufs Herz weisend) und da — (auf die Stirn deutend) in meiner Lieb', und in meinem Willen! und drum noch einmal thun's was Sie wollen — ich komm' doch, an mein Ziel!

Brikm. (sich mit schmerzlich verzogenem Gesichte die Arme reibend). Verdammter Kerl! ich kann keinen Arm rühren. — Er ist rein verrückt — und ich bin da allein mit ihm — (schreit) Kommt mir denn Niemand zu Hilfe!?

Dritte Scene.

Vorige. Margareth.

Marg. (eilt aus dem Hause heraus). Ja, was g'schieht denn da? — Mein Gott, Herr von Brikmann —

Brikm. (aufstehend). Ah — Sie ist da — Frau Margareth? komm Sie her! (Zu ihr leise.) Ihr Sohn ist umg'schnappt — rein Wahnsinn — gefährliche Tobsucht — laß Sie ihn einsperren und angürten, sonst g'schieht ein Unglück — vor allem laß Sie ihn nicht zu mir hinüber kommen — er ist aus Lieb' närrisch — das Uebel würde immer ärger. — (Auf Lois weisend, welcher wieder in freudigster Bewegung auf und nieder geht.) Schau Sie ihn nur an — reine Verrücktheit! sonnverbranntes Gehirn!

Marg. Mein Gott! das wär' ja schrecklich!

Lois (aufmerksam werdend und hinzutretend.) Was — was?

Brikm. (furchtsam). Nichts — nichts — b'hüt' Euch Gott! (Eilt rasch ab.)

Lois. Was hat er denn mit der Frau Mutter g'redt?

Marg. Er — er hat g'sagt — aber nein — nein — das ist ja nicht möglich — er hat g'sagt — Du wärst närrisch g'worden — Du hättest den Sonnenstich!

Lois. Hahahaha! Sonnenstich! — ja — etwas ist Wahres d'ran — so warm, so licht hat mir b'Sonn' noch gar nie in's Herz g'scheint, als heut — Mutterl! lieb's, gut's Mutterl! (Umschlingt sie mit einem Arme.) So glücklich habt Ihr euren Lois noch nie g'sehen — er — er selber hat mir g'sagt, daß ich seiner Rosl g'fall'!

Marg. (traurig.) O mein Gott, deßwegen! wohin soll's führen?

Lois. Zum Glück!

Marg. Aber wenn er nichts von Dir wissen will, wenn er Dir sein Haus verschließt?

Lois. Nutzt ihm nichts — nutzt ihm Alles nichts — schau b'Frau Mutter — seitdem ich selbst weiß, daß b'Rosl mich gern hat, ist's mir so — als könnt's gar nicht mehr schlecht geh'n — und wenn alle Menschen gegen unser Glück wären, so mein' ich, es müßt ein Schutzgeist vom Himmel kommen, der mir hilft (wendet sich bei dieser Rede zum Abgehen), oder eine von den Waldfräul'n oder Feen, von denen Ihr mir, als ich noch klein war, oft erzählt habt — wißt Ihr die Geschicht' noch — wie er arme Bursch' so trübselig gegen den Berg hinaufg'schaut hat, (blickt gegen die Brücke) und wie sich da die Bäum' getheilt haben, und — (plötzlich wie vom Schreck erfaßt) Was ist das?

Marg. Was hast Du denn? (Sieht ebenfalls hinauf.)

Vierte Scene.

Vorige. Emilie, Eugen.

Emilie (in einem einfachen aber reizenden Landanzuge erscheint, Eugen an der Hand führend, oben auf der Brücke).

Lois. Schau b'Frau Mutter nur — meiner Seel'! so hab' ich mir allweil die Feen gedacht!

Emilie (in das Thal hinabsehend und sich zu Eugen beugend). Ha — sieh doch — das reizende Thal — ein Haus — eine Mühle — da werden wir uns bald zurechtfinden! (Geht über die Brücke und verschwindet wieder im Gebüsche.)

Lois (entzückt). Hat b'Frau Mutter die Stimm' g'hört — wie lieb — wie ein Glöckerl so rein. —

Marg. Wer muß denn das nur sein? — (In die Scene blickend.) Aber schau nur — sie wollen da herunter — der Felsweg ist aber zu steil — so geh — hilf doch!

Lois. Gleich, gleich! (Eilt gegen den Hintergrund zu, und bietet der herabsteigenden Emilie seine Hand.) Ich bitt' — geben Sie mir nur die Hand — bleiben Sie derweil oben, junger Herr!

Emilie (kommt, sich auf Loisens Hand stützend, herab). Ich danke Euch!

Lois. So — den jungen Herrn heb'
ich herunter! (Hebt Eugen vom Felsen herab.)
So! da sind wir ja!

Eugen (flüchtet sich sogleich zu seiner
Mutter).

Emilie (sich rings im Thale umsehend).
Wie lieb, wie schön!

Lois (fortwährend Emilien betrachtend.
unwillkürlich ihre Worte in Bezug auf sie wie-
derholend). Wie lieb — wie schön!

Emilie (sieht ihn erstaunt an).

Lois (schlägt verlegen seine Augen zur Erde).
Verzeihen, Ew. Gnaden! 's ist mir nur so
heraus'g'ruscht — aber — (wieder die Augen
zu ihr erhebend) meiner Seel! wenn ich
Ew. Gnaden so anschau, und b'ran denk',
von was ich mit meiner Mutter just g'red't
hab', wie Sie da von oben hergekommen
sind — so kommt's mir richtig vor, als
wären Sie so eine —

Emilie. Was für eine?

Lois. Na, so eine Walbfräule, oder
eine zauberische Fee — bei Ihnen ist ja
Alles so — so durchsichtig — so — wie
soll ich sagen — so kleinbaulet (kleinbeinig).

Emilie (lächelnd für sich). Der bäurische
Galanthomme ergötzt mich. (Laut.) Nein,
mein Guter, leider bin ich ein ganz ge-
wöhnliches, irdisches Wesen. Wäre ich eine
Fee, so würde ich mit Vergnügen geschehen lassen, was Ihr am sehnlichsten
wünscht. —

Lois. O i bitt — es ist ja nicht wegen
dem —

Emilie. Aber so muß ich Euch um
einen Dienst ersuchen. —

Marg. Ich bitt', schaffen Sie nur. —

Emilie (zu Lois). Ihr seid gewiß in
der Gegend bekannt, wollt Ihr mich auf
dem nächsten Wege nach dem Gute Weißborn führen? —

Lois. Nach — nach Weiß — nach
Weißborn — Ew. Gnaden — ich bitt' Sie
um Alles in der Welt — Ew. Gnaden sind
doch nicht —

Emilie. Ich bin die Besitzerin des
Gutes — die verwitwete Baronin von
Weißborn.

Lois (erstaunt). Sie — Sie? Also war
der alte Herr Baron, der einmal unser
Gutsherr war, Ihr Mann?

Emilie. So ist's.

Lois. Und wie lang waren Sie denn
mit ihm verheiratet?

Emilie. Fünf Jahre —

Lois (mit Bedauern). O, Sie arme —
arme gnädige Frau!

Emilie (sieht ihn erstaunt an). Was
wollt Ihr damit sagen?

Lois. So jung — so schön — so gut
— denn daß sie gut sind, sieht man an
Ihren Augen und hört's in jedem Wort,
das Sie reden, und fünf Jahr verheiratet
sein mit so einem hartherzigen, strengen und
noch dazu alten Mann!

Marg. (stößt Lois mit dem Ellbogen an).
Aber Lois!

Lois. Verzeihen, Ew. Gnaden! 's mag
vielleicht recht grob von mir gewesen sein,
was ich da g'redt hab' über Ihren seligen
Herrn — (für sich) wenn er selig g'worden
ist — (laut) aber es gibt halt so Sachen,
die ich mir gar nicht zusammenreimen kann!

Emilie (welche während Loisens Rede be-
trübt die Augen zu Boden geschlagen hatte).
Laßt die Todten ruhen! — Sagt mir nur
ob Ihr mich hinunterführen wollt. —

Lois. O, mit tausend Freuden! Euer
Gnaden wissen gar nicht, was Sie mir
dadurch für eine ungeheure Freude machen!
(Für sich, freudig.) So komm' ich doch heut'
noch auf den Herrnhof, und der Alte kann
gar nichts dagegen haben — ich komm' ja
als Begleiter von seiner Baronin, und auf
ihren Befehl! Hahaha! (Wieder laut zu Emilie.) Es ist halt doch so — ein Stückerl
von einer Fee sind Euer Gnaden doch, denn
ohne daß Sie's selber wissen, haben Sie
mir den liebsten Wunsch erfüllt!

Marg. Aber sagen mir Euer Gnaden
nur, wie kommen denn Euer Gnaden daher, und so zu Fuß?

Lois. Und mit diesen kleinwinzigen

Füßerln noch dazu, und mit die Seidenschuh, die sind doch nicht zum Bergsteigen gerichtet.

Emilie. Ich besuche diese Gegend zum ersten Male in meinem Leben. Ich wollte die einzige Besitzung, die mir nach dem Tode meines Mannes noch blieb, besichtigen; auf der etwas steilen Bergstraße verließ ich meinen Wagen, um eine Strecke durch den Wald zu Fuße zu gehen, doch wir kamen so vom Wege ab, daß ich nicht mehr zur Straße zurückfand — mich faßte schon Angst — so allein mit dem Kleinen im Walde — doch da lichtete er sich — ich sah die Brücke, und — so kam ich zu Euch — sagt mir, wie weit ist's wohl von hier nach Weißdorn?

Lois. Ja zu Fuß ist's schon noch eine starke halbe Stund'.

Emilie. Noch eine halbe Stunde — ich fürchte nur, mein Eugen ist schon zu ermüdet. —

Lois. Und mein Pferd hab' ich g'rad' vor ein paar Minuten mit den Mehlsäcken nach Weißdorn geschickt — wenn Euer Gnaden nur ein wenig früher gekommen wären, so hätten wir gleich unter Ein —

Marg. Aber Lois! wo denkst Du denn hin? b'gnädige Frau —

Lois. Ja richtig, zugleich mit den Mehlsäcken und auf unserm Karren wär's auch nicht gegangen! — Aber wissen Euer Gnaden was? Rasten Euer Gnaden bei uns ein wenig aus. —

Marg. Ja, ja, schenken Sie unserm Haus die Ehr' —

Lois. Die Frau Mutter wird Ihnen ein kleines Frühstück richten — wie man's halt so in einer Landmühl haben kann — nichts Ausg'such's, aber herzlich gut gemeint — und dann, dann führ' ich Sie hinüber, und den jungen Herrn, wenn er noch müd' sein sollte — hahaha! den trag' ich halt. — Alsdann — ist's g'fällig? (Deutet gegen die Mühle.) Gewiß, Euer Gnaden machen uns eine herzliche Freude.

Emilie. Ich sehe, daß euer Anerbieten wirklich vom Herzen kommt, und darum mache ich Gebrauch von eurer Gastfreundschaft — komm, Eugen! (Wendet sich zum Gehen.)

Lois (zu Eugen gebückt). Na, junges Herrl! Fürchten Sie sich noch alleweil vor mir? —Geh'ns, geben Sie mir's Handerl!

Eugen (reicht ihm die Hand). Da!

Lois. Hahaha! Er wird schon heimlich. — Na, junger Herr, probiren Sie's einmal, wie sich's auf so einem Müllerthier, wie ich bin, reiten läßt! (Hebt ihn zu sich auf den Arm.) O, du lieb's Engerl! (Ihn wie einen Reiter schaukelnd.) Hop! hop! hop! hop! (Folgt mit Eugen den in die Mühle abgegangenen Frauen.)

Fünfte Scene.

Der Bettler Martin (erscheint oben auf der Brücke und kommt während des Ritornells herab auf die Bühne).

Lied.

Den Bettler verachten gewöhnlich die Leut',
Und doch ist der Stand auf der Welt sehr verbreit't,
D'rauf kommt's nicht an, daß man zersetzt herumgeht,
Und um ein' klein' Kreuzer die Reichern anred't;
So Manche sind prächtig anzog'n nach der Mod',
Und betteln doch, es ist ein' Schaub und ein Spott,
Von mir unterscheiden sie sich nur durch Eins:
Daß's nicht sagen: »Bitt gar schön ein bißl was Kleins!«
Ein Herr hat ein'n Sohn, bei dem hat die die Natur
Das Hirn ganz vergessen — man merkt gar kein' Spur,
Doch möcht' er ein' Anstellung — sein Papa rennt
Zum Tod und zum Teufel, zu — wem er halt kennt,

Und webelt und winselt, wird zehnmal ab-
g'wiesn,
Und läßt sich's das eilfte Mal noch nicht
verdrieß'n.
Jetzt frag' ich — ist der nicht mit mir
alleseins —
G'hört auch zu: »Bitt gar schön ein bißl
was Kleins!«

Es ist g'wiß, das ganze Menschenvolk
ist nichts als eine ungeheure Bettlerfamilie,
denn jeder bettelt wenigstens viermal in
seinem Leben, — als Kind bettelt er bei
seinen Aeltern um eine Spielerei, als
Jüngling bei einer Schönen um ein Herz
— oft auch nur Spielerei — als Mann
bei einem Hohen um einen einträglichen
Posten, und als Greis muß er jeden Tag
beim Schicksal betteln, daß es ihm noch
den nächsten Tag als Almosen gibt! —
Und so wird das Thema: »Ich bitt' gar
schön um ein bißl was Kleins« vom vor-
nehmsten Salon ang'fangen bis hinunter
zur dumpfigen Kellerwohnung in den ver-
schiedenartigsten Variationen abgespielt.
Wir, die wir bei dem Originaltert bleiben,
wir eigentlichen Bettler, sind die Beschei-
densten, weil wir uns wirklich mit was
Kleinem zufriedenstellen! Die Menschen
erschrecken gewöhnlich vor dem Gedanken,
an den Bettelstab zu kommen, und es ist
auch was Eigenes (seinen Stock betrachtend).
So ein Stock ist gleichsam das aus Land
geschwommene Mastbaum des gescheiterten
Glücksschiffes — er ist der letzte abgedorrte
Zweig von dem abgelaubten Christbaum
aller Freuden, er ist der Mosesstab, um
aus kalten Felsenherzen noch eine Mitleids-
quelle zu schlagen! Da kauft sich mancher
Stutzer einen Stock aus Ebenholz, weil
das das schwerste Holz ist, er soll das
Holz in die Hand nehmen, das ist gewiß
noch schwerer! — Die reichen Leute sollten
einmal das in die Mod' bringen, daß es
zur Fashionablität gehörte, einen Bettelstab zu tragen, den man sich aber dadurch
erwerben müßte, daß man einen wirklichen
Bettler so unterstützt hat, daß er nicht mehr
Bettelstab ist! So ein Bettelstab ließe sich
hernach recht schön abzustiren, oben ein
Goldknopf mit einem Glasstein, unter dem
eine Thräne der Dankbarkeit aufbewahrt
wäre, dadurch würd' das Glas zum kost-
barsten Diamanten, denn es hätte das
schönste Wasser! — Ich für meinen Theil
gebe aber meinen Stock nicht mehr her,
ich fühl' in meinem Beruf eine gewisse
Würde, als deren Abzeichen ich gleichsam
den Stock trage, denn es sind nur zwei
Fälle möglich, entweder es schenkt mir
Einer aus wirklich gutem Herzen etwas,
gut, dann bin ich Einnehmer auf dem
Weg zum Himmel, oder es schenkt mir
Einer was, nur um für wohlthätig zu
scheinen, dann bin ich Cassier der Straf-
tare für Heuchelei! Eigentlich aber nimmt
unsereins gar nichts Geschenktes an, er
nimmt es nur als Darlehen, und weist
seine Wechsel zur Zahlung an das sicherste
Haus, an unsern Herrgott selber an, der
sie seiner Zeit mit tausend Procenten ein-
löst! — Darum mag ich mich auch gar
nicht von meinem Stand trennen, es ist die
sicherste Stellung, von der man nicht so
leicht durch Neid verdrängt wird, und wie
schön ist das schon, das Recht zu haben,
etwas zu begehren, und dabei sicher zu sein,
daß von mir selber gewiß Niemand etwas
verlangt.

Sechste Scene.

Martin, Lois, Eugen.

Lois (kommt mit Eugen aus dem Hause).
So, junger Herr! Jetzt gehen wir in die
Mühlstube, damit Sie das Räderwerk
sehen.

Eugen (springt vorwärts, erblickt aber
Martin und läuft scheu zu Lois zurück). Sieh
dort — der häßliche Mann.

Lois. Was is's denn? (Martin erblickend). Ah, fürchten Sie sich nicht, der thut
keinem Menschen was! (Zu Martin.) Na,

Alter, laßt Ihr Euch wieder einmal bei uns heraußen sehen?

Martin. Grüß Euch Gott, Vetter! (Zieht den Hut ab und hält ihn Lois hin.)

Lois. Ja, heut' sollt Ihr haben, was ich Kleins bei mir hab'! (Zieht ein ledernes Beutelchen hervor, und wirft einige Kupfermünzen in den Hut.) So —

Martin. Es ist noch nicht Alles. —

Lois. Was?

Martin. Ihr habt g'sagt, Ihr gebt mir Alles, was Ihr Kleins bei Euch habt — da müßt Ihr mir den Buben da auch geben.

Eugen (sich furchtsam weinend an Lois anschmiegend). Nein, nein!

Lois (zu Martin). Geht! Macht da keine dummen Späße, der Kleine fürchtet sich ohnehin vor Euch!

Martin. In so fern, als er in mir meinen ganzen Staub betrachtet, soll er sich nur vor mir fürchten! Aber wie kommt's denn, daß Ihr Euch mit dieser Büberei befaßt?

Lois. Es ist der junge Herr Baron von Weißborn. —

Martin (verzerrt bei diesen Worten sein Gesicht). Von Weißborn — also — das Junge von der Alten — von dem Verstorbenen drüben am Herruhof?

Lois. Na freilich!

Martin (auflachend). Ha ha! (Zu Eugen.) Na, grüß Dich Gott, zukünftiger Camerad!

Eugen (schreiend, und an Loisens Jacke zerrend). Ich will zur Mama!

Lois (unwillig zu Martin). Ihr seid heut' wieder in eurer Narrheit, oder seid wie gewöhnlich schon wieder besoffen.

Martin. Noch nicht — es ist heut' auf die Nacht drüben Kirchtag — da muß sich der Mensch schonen.

Lois (zu Eugen) Ja, ja, gleich gehen wir zur Mama — (führt ihn zum Hause zurück, und läßt ihn hinein) So — gehen Sie nur hinein! (Kommt wieder zurück.) Euer Almosen habt Ihr — schaut, daß Ihr mir jetzt von da weiter kommt!

Martin (ihn böse anblickend). Was, Vetter! Ihr schafft mich heut' von eurem Grund fort? — Vetter! Ihr habt das nie gethan — Ihr seid ein guter Kerl, besser als Alle in der ganzen Gegend, ich hab' Euch gern. —

Lois. Na ja, schon recht, aber —

Martin. Ich hab Euch g'sagt, daß ich Euch einmal zu meinem Erben einsetzen will. —

Lois. Hahaha! wieder die alte G'schicht!

Martin. Lachet jetzt nicht, wartet bis ich todt bin, dann habt Ihr vielleicht mehr Ursach' zu lachen, denn Ihr sollt ein lachender Erbe sein — aber — fortschaffen müßt Ihr mich nie, sonst mache ich ein anderes Testament!

Lois. Dann müßt Ihr Euch aber ein bissel g'scheidter aufführen; was habt Ihr denn da den armen Kleinen zu erschrecken gehabt?

Martin. Warum ist er der Sohn von dem alten Baron — Ihr wißt ja eh', was ich dem All's z'danken hab'. — Er war schuld, daß ich das g'worden bin, was ich bin. Ich war vor 25 Jahren noch ein ansässiger Mann, war Pächter drüben auf Weißborn, da waren aber ein paar schlechte Jahre, ich hab' den Pacht nicht erschwingen können, und er — er hat mich von den Gerichtsdienern von Haus und Hof weg jagen lassen, und — 's war noch dazu im Winter — ich hätt' im Wald erfrieren können, wenn euer Vater mich nicht aufgenommen hätte!

Lois. Na, und die ganze Gemeinde hat sich um Euch ang'nommen.

Martin. Ja, die Gemeinde hat viel für mich gethan — es ist wahr! (Mit Ironie.) Sie hat mir erlaubt, daß ich hab' betteln dürfen! (Mit verbissenem Ingrimm.) Wenn ich noch dran denk', wie ich zum ersten Mal an eine Thür angeklopft hab' — wie mir da der Hals ordentlich angeschwollen ist, eh' ich das: „Ich bitt' gar schön!« herausgebracht hab'! —

Lois. Na, Ihr habt Euch aber nach und nach recht gut dreing'funden!

Martin. Uebung macht den Meister! — Ich hab' erst meinem Stand' seine gute Seite abg'winnen, hab' lernen müssen, wie sich das Geschäft en gros betreiben läßt — ich hab' mich nicht bloß auf die G'meinde beschränkt — sondern hab mir's so rangirt, daß ich während dem Winter immer in der Stadt drin Gastrollen geb', und nur die Sommermonate da herauß auf dem Land zubring'. Im Winter übernacht' ich im Hotel garni — das heißt im Stall — im Sommer bewohn' ich meine Villa.

Lois. Ja in der Lehmhütten am Wald — aber gelt — in der Stadt drin schaut wohl mehr heraus!

Martin (gleichgiltig). Es ist just nicht wegen dem, aber unterhaltlicher ist's, und eine ungeheure Menschenkenntniß erwirbt man sich! — Ich sag' Euch, ich bin nach und nach ganz das g'worden, was sie einen Philosophen nennen.

Lois. Nachher müßt Ihr aber auch gescheidt sein, und müßt nicht, wie's bei Euch oft der Gebrauch ist, grob und bissig gegen die Leute sein, die Euch unterstützen.

Martin. Ich kann nicht für meine Natur — das hat sich so nach und nach g'macht, daß ich so ein Gemisch von Melancholie und Humor, von Bosheit und Weichherzigkeit, von Heurigem oder Branntwein g'worden bin — denn der Trunk macht den Charakter — aber wirklich mit Niemanden, als mit Einem — das war der alte Baron — der ist mir nur z'früh g'storben.

Lois. Zu früh? Wie meint Ihr das?

Martin. Wenn der nur noch ein paar Jahrln g'lebt hätt', so wär' er selber das geworden, was ich bin — (boshaft lachend). Hahaha! Den hätt' ich noch sehen mögen — den stolzen, aufgeblas'nen Herrn — und nachher so — (macht die Pantomime des Bettelns) und nachher ich zu ihm:

»Servus, Camerad! Wie geh'n die Geschäfte?!« — O, es wär' ein Seelengaudium für mich gewesen — aber da muß er früher sterben! — Aber ich erleb's noch — an seinem Sohn! — Gib Acht! Ich erleb's noch!

Lois. Hört auf — ich kann solche Reden nicht hören! (Blickt nach dem Hause.) Still — still! Die Thür geht auf — die Frau Baronin kommt heraus. —

Martin. Die Baronin? Ist die auch da?

Lois. Kennt Ihr sie?

Martin. Ja, ich habe in der Residenz ihre Bekanntschaft g'macht!

Siebente Scene.

Vorige. Emilie. Eugen. Margareth (kommen aus dem Hause).

Emilie (noch mehr im Hintergrunde). Nehmt nochmals meinen herzlichsten Dank für eure freundliche Aufnahme, und die gastliche Bewirthung.

Marg. Ich bitt' Ew. Gnaden! Reden Sie nur gar nicht davon — wenn wir nur besser drauf eingerichtet wären, so vornehme Gäste zu bewirthen! (Ist während dieser Reden vorwärts gekommen.)

Emilie (erblickt Martin, und sieht ihn erstaunt an). Der Alte — Euch soll ich ja kennen!

Martin (sogleich seinen Hut hinhaltend). Bitt' gar schön, Ew. Gnaden!

Emilie. Ha! Ihr seid ja sonst in der Stadt gewesen — ich sah Euch oft am Thor unseres Hauses!

Martin (wie oben). Bitt' gar schön —

Lois (zu Martin). Aber seid doch nicht so zudringlich. —

Emilie. Mir ist leid, guter Alter! — Ich pflege nie Geld bei mir zu tragen, und mein Diener ist nicht bei mir.

Martin (verdrießlich für sich, indem er seinen Hut aufsetzt). Sie gibt mir heute nichts?! Da werd' ich ihr was zukommen laffen! (Laut, gleißnerifch/ben gutmüthigen Alten ſpielend.) Ja ja — am Thor vor Ihrem Haus — da war mein Lieblingsplatzl, das war ſo meine Paſſion, den alten Herrn Baron alle Tag anzubetteln, obwohl er mir nie was gegeben hat, aber das Platzl war doch das beſte, was ich hab' haben können — es iſt mir immer gut abg'löſt worden!

Emilie. Gut abgelöſt worden? Wie meint Ihr das?

Martin. Na, ich hab' halt Jemanden (ſcharf betonend), ſo einen gewiſſen Jemanden, der alle Tag ein paar Stunden unter dem Fenſter herum'fliegen iſt, und hinaufg'ſchaut hat, genirt —und da hat der g'wiſſe Jemand mir allemal einen Zwanz'ger gegeben, damit ich weiter geh' —hahaha! — mir ſcheint der g'wiſſe Jemand hat auch um etwas gebettelt, der g'wiſſe Jemand!

Emilie (verlegen und verwirrt). Ich ver- ſteh' Euch nicht. —

Martin. Nicht? (Hämiſch). Wiſſen Ew. Gnaden, es war der g'wiſſe Herr, der hüb- ſche große, mit dem Ordensbandel, Ew. Gnaden werden ſich gewiß zu erinnern wiſſen, der alle Sonntag in die g'wiſſe Meſſ' gegangen iſt, wo Ew. Gnaden gewiß waren — ich bin ja an Sonntagen immer an der gewiſſen Kirchthür g'ſtanden! — Aber ich plauſch' da und plauſch', und werd' Ew. Gnaden g'wiß ſchon z'wider, (ſich gutmü- thig ſtellend) aber das haben wir alten Leute ſchon ſo, wenn wir einmal in's Plaudern kommen, nimmt's kein End'. — Na, — nichts für ungut, Ew. Gnaden — ich geb' meinen Weg weiter! (Geht ab, noch mehrere Male ſich hämiſch nach Emilien umſehend.)

Emilie (ſteht in ſich gekehrt und anfangs keines Wortes mächtig).

Marg. (tritt zu Lois, ſtößt ihn heimlich und weiſt mit einer Kopfbewegung nach Emilien.)

Lois (anfangs auch verlegen, fieht Emilien an, dann leiſe zu Margarethen). Die arme Frau! Sie traut ſich kaum die Augen vom Boden zu erheben! — (Aergerlich.) Der verdammte Alte! Ich muß ihr nur heraus-

helfen. (Tritt zu Emilie.) Ew Gnaden, machen Sie ſich nichts b'raus — fürchten Sie nicht, daß wir etwas Uebles von Ihnen denken — wir kennen den alten Martin! — Er redet oft ſo verrücktes Zeug zuſam- men, — aber wir glauben es nicht!

Emilie (ſich faſſend). Nein, Ihr follt nicht glauben, nicht muthmaßen, Ihr follt wiſſen — die Wahrheit wiſſen!

Lois. Aber Ew. Gnaden — wir —

Emilie. Kein Menſch foll uns ſo ge- ring erſcheinen, daß es uns gleichgiltig fein darf, welche Meinung er von uns in ſich aufnimmt. — Was der Alte ſprach, iſt wahr!

Lois. Ift wahr?

Emilie. Jener junge Mann, von dem der Bettler ſprach, liebte mich einſt, als ich noch Mädchen war — doch ſeine Herkunft war nicht der meinen gleich — er war arm — darum trennten meine Verwandten un- ſer Verhältniß, und ich wurde gezwungen, den alten, für überaus reich geltenden Ba- ron Weißborn zu heiraten! Heinrich verließ, der Verzweiflung nahe, die Stadt und nahm Dienſte im Heere — er bahnte ſich dort den Weg zum Ruhme und zur Auszeichnung. — Nach beendigtem Feldzuge kam er zu- rück — konnte ich es ihm wehren, daß er jede Gelegenheit ſuchte, mich zu ſehen? — Doch das ſchwöre ich Euch hier bei dem Leben meines Sohnes, ſo lange mein Ge- mal lebte, habe ich nicht ein Wort mit ihm geſprochen! Nun wißt Ihr Alles!

Lois (theilnehmend). Alſo Ew. Gnaden wiſſen auch, was das iſt — eine unglück- liche Lieb'! — Aber Ew. Gnaden ſind doch gut b'raun — jetzt iſt der ſelige Baron ſchon über's Jahr todt, und jetzt — gibt's kein Hinderniß mehr. —

Emilie. Das größte! — Heinrich von Richmond iſt während der Zeit unſerer Trennung nicht nur angeſehen, er iſt durch eine bedeutende Erbſchaft auch reich ge- worden!

Lois. Na, beſto beſſer. —

Emilie. Mein Vermögen ist durch die Verschwendung meines Mannes geschmolzen, ich habe außer dem Herrenhofe in Weißdorn nichts, und auch diese Besitzung soll so mit Schulden belastet sein, daß ich vielleicht gezwungen sein werde, sie zu veräußern. — Kann nun ich, die Verarmte, jetzt seine edelmüthige Bewerbung annehmen, die ich damals seiner Armuth wegen, wenn auch nur gezwungen, zurückweisen mußte? —

Lois. Jetzt das versteh' ich nicht so ganz — aber sehen Ew. Gnaden, das macht mich völlig stolz, daß Sie mich mit der G'schicht bekannt g'macht haben, jetzt kann ich über so Manches leichter mit Ihnen reden, und ich werd' Ihnen auf den Weg dafür auch ein kleines Geheimniß anvertrauen. Was Sie aber von Ihrer Armuth reden, die ist nicht so arg, glauben Sie mir, ich kenn' den Herrenhof, und die Gründe, die dazugehören, und weiß es schon zu schätzen.

Emilie. Der Gutsinspector Brikmann schrieb mir aber —

Lois. Ha ha! Das ist ein feiner Hecht! Ich hab' schon g'hört, daß er Lust hätte, die Besitzung mit Geld, um was er seinen seligen Herrn betrogen hat, selber an sich z'bringen, und da ist's natürlich, daß er den Werth gern in Ihren Augen heruntersetzen möcht' — aber da soll nichts d'raus werden — da bin ich auch noch da, ich versteh' etwas von der Landwirthschaft, thun Ew. Gnaden nur nichts ohne meinen Rath. —

Emilie. Ich bitte Euch darum. — Doch jetzt wollen wir unsern Weg antreten! (Zu Margareth.) Lebt wohl, liebe Frau Müllerin. —

Marg. (knixend). Küß die Hand, Ew. Gnaden; wenn Sie wieder einmal vorbeikommen, schenken's uns die Ehr'. —

Lois. B'hüt' Gott, lieb's Mutterl! (Küßt sie.) Wenn ich vielleicht heut' ein bißl spät heim komm', hab' die Frau Mutter keine Angst — Sie weiß ja, wo ich bin, und daß ich da nicht so leicht fortkomme!

(Zu Emilien.) Alsdann — wenn's gefällig ist — und den jungen Herrn, den nehm' ich auf den Arm. (Hebt ihn auf den Arm.) So, und jetzt soll uns der Weg recht kurz werden — jetzt kann ich Ew. Gnaden eine Menge erzählen und Ew. Gnaden werden mich auch versteh'n! Kommen Sie nur — da hinauf! da ist der bessere Weg! (Ab mit Emilie und Eugen.)

Marg. (sieht den Abgehenden nach). Ein seelenguter Bursch, mei' Lois — aber die G'schicht mit der Rosi — (Schüttelt den Kopf) Na, wie der liebe Herrgott will! (Geht in ihr Haus zurück.)

Verwandlung.

(Park beim Schlosse Weißdorn — seitwärts das Gebäude in baufälligem Zustande — vor dem Eingange ein Gebüsch, unter welchem ein Tisch und zwei Stühle stehen.)

Achte Scene.

Brikmann. Advocat Schlepper.

Brikm. (kommt mit Schlepper von der dem Gebäude entgegengesetzten Seite). Herr Doctor, es freut mich zwar, daß Sie mir wieder einmal die Ehre geben, wenn es aber vielleicht eine verdrießliche Angelegenheit ist, die Sie herführt, so bitt' ich, mich vor der Hand damit zu verschonen, denn heut' hab' ich mich schon gegiftet, daß ich vierzehn Tag' d'ran genug hab'. — (Will mit ihm gegen das Haus.)

Schlepper (hält ihn zurück). Halt — lieber Freund! Nicht in das Haus — ich wünsche mit Ihnen ungestört und ungehört zu sprechen, und in einer Stube — Sie wissen, die Wände haben Ohren. —

Brikm. Also was G'heim's? — Sie machen mich neugierig. — Aber Sie sind z'Fuß herausgekommen — Sie werden müd' sein, ein Glas Wein werden Sie doch nicht verschmähen — ich laß' es da herantragen.

Schlepper. Nun, das nehm' ich an. —

Brikm. (ruft zur Thür hinein). He Michel, ein paar Bouteillen Einundzwanziger — g'schwind! So — nehmen Sie indessen Platz.

Schlepper (den Hut abnehmend und sich den Schweiß von der Stirne trocknend). Es ist heute verdammt heiß. —

Brikm. Sonderbar — ein Advocat ist gewöhnlich selbst kalt, und macht nur Andern heiß!

Schlepper. Sie sollen sich überzeugen, daß ich auch warm sein kann, für meine Freunde, und wir, wir sind doch immer Freunde gewesen. (Hält ihm die Hand hin.)

Brikm. (ihm die Hand drückend). Freilich — Speci — (Für sich.) So lang für ihn dabei was rausg'schaut hat!

Michel (hat indeß zwei Flaschen-Wein und Gläser herausgebracht).

Brikm. (schenkt ein).

Schlepper (sein Glas erhebend). Also — auf dauernde Freundschaft, Sie haben mich schon manches schöne Stück Geld verdienen lassen.

Brikm. Mit den Angelegenheiten vom seligen Gutsherrn. (Trinkt.)

Schlepper. Nun — eine Hand wäscht die andere. Ich bin hier, um Ihnen wichtigen Gegendienst zu erweisen. — Ich weiß, es ist ein Lieblingswunsch von Ihnen, das Gut an sich zu bringen.

Brikm. Das Gut ist schon so gut, als mein! — Sie wissen, der Baron hat eine Menge Wechselschulden gehabt — die hab' ich von den desperaten Gläubigern an mich gebracht, und gleich intabuliren lassen — ich hab' also 160,000 Gulden mit sechs Procent d'rauf stehen — das ganze Gut ist nur auf 200,000 Gulden geschätzt. —

Schlepper (heimlich). Das heißt: Wir ließen es absichtlich so gering schätzen — Sie wissen recht wohl, daß es wenigstens um hunderttausend Gulden mehr werth ist.

Brikm. Das weiß ich — aber die Baronin weiß es nicht. — Was versteht so eine feine Stadtdame von so was — wenn sie also herauskommt, und ich mit meiner Pfiffigkeit ihr die Sache so vorstell', und sag', daß ich bereit bin, ihr noch 40,000 Gulden baar herauszuzahlen, so wird sie froh sein. —

Schlepper. Wenn sich kein and'rer Käufer findet, der mehr gibt. —

Brikm. Findet sich nicht so geschwind Einer. —

Schlepper (heimlich ihm auf den Arm klopfend). Hat sich schon gefunden!

Brikm. (in die Höhe fahrend). Hat — hat sich schon gefunden? Machen Sie keinen Spaß. —

Schlepper. Der ernsthafteste Ernst, mein Freund! Ich gebe Euch mein Wort zum Pfande!

Brikm. Und wer ist der Unglückselige?

Schlepper. Ein Fremder, der erst vor einigen Tagen in dem benachbarten Städtchen, in welchem ich Notar bin, ankam, er hat mich mit dem Geschäfte betraut. —

Brikm. Und wie viel will er geben? Auf ein paartausend Gulden mehr kommt's mir auch nicht an. —

Schlepper. Mit dem können Sie nicht rivalisiren — stellen Sie sich vor, er will 400,000 Gulden für das Gut geben. —

Brikm. Vier — viermalhunderttausend Gulden?

Schlepper. Ich stellte ihm vor, daß er um dieses Geld ein bei weitem schöneres Gut bekäme, ja daß er selbst dieses auf jeden Fall billiger erstehen könne — er bestand darauf, daß er durchaus keine andere Besitzung, und auch diese nicht billiger haben wolle — jedoch nur dann, wenn das Gut noch Eigenthum der Baronin sei, und das Geld in ihre Hände erlegt werden könne. —

Brikm. Welchem Narrenthurm muß denn Der entsprungen sein?

Schlepper. Mag es mit seinem Verstande nicht richtig sein, die Staatspapiere, die er bei mir für den Kauf deponirte, sind richtig und echt!

Brikm. Also schon deponirt? — Aber liebster, bester, theuerster Freund — Sie sind ja mein Freund — Sie haben's selber g'sagt — und ich — ich fühle auch eine unsinnige Freundschafts-Glut, sag' ich Ihnen, — umarmen Sie mich —

(Umarmt ihn.) Aber jetzt sagen Sie mir, was läßt sich da machen?

Schlepper. Hm! Was läßt sich machen? Die Baronin wird heute noch selbst auf das Gut kommen. —

Brifm. Heute noch?

Schlepper. Ich bin eigentlich hier, um ihr das Geschäft anzutragen. —

Brifm. Um Gottes willen, wenn Sie ihr's antragen, so nimmt sie's an — das ist kein Zweifel — und meine Aussichten sind beim Teufel!

Schlepper. Und dadurch geht für Sie ein berechenbarer Gewinn von einmalhundertttausend Gulden verloren.

Brifm. Einmalhunderttausend Gulden, die ich schon in der Hand zu halten geglaubt hab', rein pfutsch! — es ist kein Spaß!

Schlepper. Der Fremde hat mir 500 fl. Honorar versprochen, wenn ich den Kauf für ihn abschließe. —

Brifm. Um 500 fl. werden Sie aber Ihren Freund nicht unglücklich machen!

Schlepper. Gewiß nicht!

Brifm. O Sie edler Mann! (Fällt ihm um den Hals.) Aber Sie sollen nicht zu kurz kommen — wenn Sie das Geschäft nicht abschließen, geb' ich Ihnen 600 fl. — das ist gewiß honett.

Schlepper (lachend). Hoho! mir für einen solchen Freundschaftsdienst 600 fl. geben wollen, wo denken Sie hin?

Brifm. Beleidigt Sie das? gut — ich geb' Ihnen auch gar nichts dafür — mit Vergnügen! — da laß ich mich nicht spotten.

Schlepper. Nein, nein, reden wir ernsthaft! —

Brifm. Mir ist eh' nicht spaßig zu Muth — mir steht ordentlich der Schweiß auf der Stirn!

Schlepper. Es handelt sich hier um ein Geschäft, wobei 100,000 fl. zu gewinnen sind, also Frage: Wollen Sie, wenn ich den Kauf Ihnen überlasse, mir 10,000 fl. Honorar geben?

Brifm. (zurückfahrend). Zehn — tausend Gulden — Herr! sind Sie närrisch?

Schlepper (ganz ruhig). Vollkommen vernünftig!

Brifm. Handelt so ein Ehrenmann?

Schlepper. Ah so! — Ich danke Ihnen, daß Sie mich an meine Pflicht erinnern — ich will als Ehrenmann handeln. (Will fort.) Abieu, Herr Brikmann!

Brifm. Wo wollen Sie hin? (Hält ihn zurück.)

Schlepper. Der Frau Baronin entgegengehen, und ihr den Anbot des Kaufes machen, wie mein Auftrag lautet. — (Will fort.)

Brifm. (hält ihn am Rocke zurück). Sind Sie denn des Teufels! Sie werden doch mit sich reden lassen?

Schlepper. Reden gar nicht — Sie unterzeichnen dieses Document (ein Papier hervorziehend), worin Sie sich verpflichten, daß Sie an demselben Tage, an welchem das Gut Ihr Eigenthum wird, mir die Summe von 10,000 fl. auszahlen!

Brifm. (nimmt die Schrift, für sich brummend). Elender Schmutzian!

Schlepper (für sich). Der alte Gauner! allen Gewinn will er für sich allein haben!

Brifm. (hat die Schrift durchflogen, plötzlich auf einen Gedanken kommend). Halloh, mein Herr Doctor!

Schlepper. Was soll's?

Brifm. Man ist nicht aufs Hirn gefallen — man läßt sich nicht so leicht eine Nase drehen, wenn man auch kein Abvocat ist!

Schlepper. Was meinen Sie?

Brifm. Ich meine, daß Sie am Ende die ganze fabelhafte Geschichte mit dem Fremden erfunden haben.

Schlepper (lächelnd). Sie sind sehr vorsichtig — das gefällt mir von Ihnen, aber Sie können sich von der Wahrheit überzeugen, ich gebe Ihnen die Adresse des Antragstellers. (Nimmt eine Visitkarte aus der Brieftasche und gibt sie ihm.)

Brikm. (liest). »Baron Sonnberg — Hotel »zum goldenen Schiff«.

Schlepper. Aber die Barouin kann jeden Augenblick hier sein — Also rasch — wollen Sie unterschreiben?

Brikm. Es geht nicht anders! Also — in's Henkers Namen. (Will ins Haus.)

Schlepper. Unterzeichnen Sie gleich hier — ich trage immer ein Taschenschreib-zeug bei mir. (Zieht es hervor, steckt es in den Tisch, und gibt Brikmann eine Feder.)

Brikm. (geht zum Tische, legt die Visit-karte auf denselben, unterschreibt und gibt Schlepper die Schrift). Da!

Schlepper (steckt die Schrift ein). So! dafür gebe ich Ihnen mein Wort, daß ich mich heute und morgen nicht hier sehen lasse — da haben Sie Zeit genug den Kauf selbst abzuschließen — ich komme dann mit meinem Antrage zu spät, und die Sache ist in Ordnung. Also ich entferne mich jetzt es freut mich, daß wir uns als Freunde verständigt haben. — (Hält ihm die Hand hin.)

Brikm. (gibt ihm die Hand). Ja, als Freunde! Ehrenmänner wie wir verstän-digen sich leicht.

Schlepper. Adieu, mein Theurer! (Im Abgehen für sich.) Der Filz! was er für Umstände machte. (Ab.)

Brikm. (mit Ingrimm ihm nachbrummend). Lump! Rechtsverbreher! Hansrabe! (Wie-der fröhlich.) Aber 's macht nichts — 's ist noch immer ein schönes G'schäft! jetzt nur gleich der Barouin entgegen, ich laß sie nicht mehr aus den Augen — will krie-chen und wedeln, dumm scheinen und pfiffig sein, bis der Handel geschlossen ist, dann ist mein schönstes Ziel erreicht! (Ab.)

Neunte Scene.

Martin (streckt, nachdem beide fort sind, den Kopf aus dem Gebüsche. sieht sich vor-sichtig um und tritt dann ganz hervor). Ah — da hab' ich ja eine recht unterhaltliche Räubergeschichte gehört. Ich hab' nach dem

Diner von breitagalten Sauerruben, was mir die mildthätige Köchin hat zukommen lassen, dahier im Schatten meine Siesta halten wollen, da wecken mich die Zwei mit ihrem G'schrei auf — ich los' und los' — und auf einmal hab' ich das Loos von der Gutsbesitzerin in meinen Händen! (Blickt nach dem Tische.) Richtig, der Alte hat die Adresse liegen lassen. (Gilt hin und nimmt die Karte.) Zweimalhunderttausend Gulden ist das Blatt werth! — Ich könnt's der Barouin geben — ich könnt' sie wieder reich machen, ich könnt' ihren Buben zu einer Erbschaft verhelfen — hahaha — ich — der Bettelmann, könnte das Alles — wenn ich wollte! Aber nein! nein! der Brut thu' ich nichts Gutes — ich zerreiß' die Karte — (will es thun, besinnt sich aber) halt, halt! nicht so voreilig sein! Sollte sie denn zu nichts Anderem gut sein? (Plötzlich eine Idee fassend.) Hollah! jetzt hab' ich's, hahaha! der Lois — der's nie recht glauben hat wollen, daß ich noch sein Glück mach' — er ist in die Tochter vom alten Brikmann verliebt — wenn er dem Alten zu verstehen gibt, daß er den Kauf hintertreiben könnt' — um 100,000 fl. Profit gibt der Alte seine Tochter her, und sein Weib auch noch als Zuwag — ja, dem Lois will ich's stecken! — Er wird mit der Barouin herkommen, ich halt mich im Haus auf, bis ich ihn allein treff' — ich muß eh' der Köchin das G'schirr zurückgeben. (Nimmt aus dem Gebüsche ein irdenes Geschirr und einen Löffel.) Hahaha! wie ich basteh' in dem zerlumpten Rock, mit dem Reindl und dem Blechlöffel in der Hand, wer sollt' sich's denken, daß so ein lumpiger Kerl das ganze Lebensglück von einem Menschen zu Staub bringen kann? Ja, ja! das Schicksal ist ein Papierfabrikant, es verwendet oft den armseligsten Lumpen zu einem Papier, aus dem ein Loos ge-macht wird, mit dem man ein paarmal-hunderttausend Gulden gewinnen kann. (Ab ins Haus.)

Verwandlung.

(Zimmer in der Inspectors-Wohnung zu Weißdorn. Etwas altmodisch eingerichtet. Eine Mittel-, eine Seitenthür und ein Fenster.)

Zehnte Scene.

Rosa (in einem mehr städtischen Anzuge geschmackvoll geputzt. kommt durch die Mittelthür und geht trällernd zum Fenster).

Lied.

(Ohne Musikbegleitung.)

Weg'n ein'm Buben traurig sein, das wär
    a Schand',
Ich dreh' mich nur um, gib ein'm Andern
    mei' Hand.
Weg'n ein'm Bub'n traurig sein, das wär
    a Sünd'.
Ein' and're Mutter hat auch ein schön's
    Kind!
(Geht zürnend vom Fenster weg.)

Ich ärger' mich — hm! über was denn? Ich ärger' mich, daß ich mich drüber ärgern kann! — Hm! was geht er mich denn an? — soll bleiben wo er will! Wenn er's nicht der Müh' werth find't, selber herüber z'fahren, und seinen Knecht schickt — na ist auch gut — ist schon recht! aber merken werd' ich ihm's! (Geht wieder zum Fenster.) Er ist richtig nicht da — möcht' doch wissen, was ihn abg'halten hat — den Lois?

Eilfte Scene.

Vorige. Brifmann.

Brikm. (ist bei Rosa's letzten Worten eingetreten). Was ihn abgehalten hat? Meine väterliche Autorität.

Rosa. Sie sind da, Vater?

Brikm. Nichts, Vater! in Zukunft nennst mich Papa! (Geht stolz auf und nieder.)

Rosa. Hahaha! was haben Sie denn auf einmal?

Brikm. (sie nachspottend). Was haben Sie denn auf einmal? Ist das eine Sprach' für ein Mädel wie Du?

Rosa. Ja, wie soll ich denn reden?

Brikm. Hochdeutsch — am höchster deutsch! Bisher hast Du von dem Bauernvolk, unter dem wir leben, Dir die ordinäre Sprache angewöhnt — bisher ist auch nichts d'ran gelegen — aber von jetzt an bitt' ich mir eine reine Sprache aus — kannst Du's nicht, so werde ich Dir deutsch lernen, ich werde dein Meister sein!

Rosa. Aber sagen Sie mir nur, warum denn jetzt auf einmal?

Brikm. Wirst es gleich hören, doch dazu muß die ganze Familie beisammen sein! Wo ist mein Weib? meine Gattin, will ich sagen.

Rosa. Drin in der Kammer, sie bügelt just die feine Wäsche.

Brikm. Meine Gattin? — Das Weib hat doch immer Wäscherei! Sie soll herauskommen!

Rosa (öffnet die Seitenthür und ruft hinein). Mutter! der Vater will, Sie sollen herauskommen!

Zwölfte Scene.

Vorige. Elise.

Elise (tritt aus der Seitenthür). Mein Gott, mitten unter der Arbeit —

Brikm. Alle Arbeit hat ein Ende — komm her, Ehehälfte! (Klopft sie auf die Wange.) Altes Haus!

Elise. Geh' — ich bitte Dich gar schön, verschon' mich mit deinem Zärtlichsein! Du hast Dich dein Lebtag nicht d'rauf verlegt. —

Brikm. Ein Vorwurf, den ich durch einen lebendigen Beweis widerlegen kann — (auf Rosa deutend) steht nicht hier ein Pfand unsrer Zärtlichkeit? — Aber in gewisser Beziehung hast Du Recht — ich war bisher ein kleiner Haustyrann, war überall hinterher, hab' jeden Kreuzer ang'schaut, ehe er ausgegeben worden ist — aber wer den Kreuzer nicht anschaut, bringt's nie zu einem Ducaten. Ihr wißt selbst noch meine finanziellen Zustände nicht — aber in dieser Stunde will ich Euch eine Offenbarung machen!

Elise (zu Rosa). Was hat er denn?

Brikm. (tritt zwischen Beide). Gattin — Tochter! Ihr seht in eurem Mann und gewissermaßen Vater — den zukünftigen Besitzer dieser Herrschaft!

Elise. Wa — was! (Taumelt vor Freude in einen Stuhl.) Hab' ich doch geglaubt, mich trifft der Schlag!

Brikm. Genir' Dich nicht, werde nur ohnmächtig — Ohnmachten gehören zur noblen Welt.

Rosa (welche freudig die Hände zusammengeschlagen hat und sich kaum fassen konnte, eilt auf Brikmann zu). Vater! Vater! Ist's wahr? Machen Sie keinen Spaß?

Brikm. Du wirst Dich in ein paar Stunden überzeugen. — Das Gut ist ohnehin größtentheils an mich verschuldet, heute zahl' ich der Baronin noch den letzten Bettel hinaus, und morgen, — Kinder, morgen, — je Gutsbesitzer — et vous êtes noblesse.

Elise (kann sich noch immer nicht erholen). Mir ist's in alle Glieder g'fahren! Mann! — die Freud! (Steht auf und will ihn küssen.) Ich muß Dir ein Busserl geben!

Brikm. (abwehrend). Gattin! Nur keine ordinäre Familiarität. — Eheleute höherer Stellung küssen sich selten! — Aber ich hoffe, Ihr werdet mein Streben jetzt zu würdigen wissen.

Rosa. Mein Vater — ein Gutsbesitzer! O Vater! Vater! (Will ihn umarmen.)

Brikm. (sie plötzlich ungestüm an der Hand fassend). Ja, Du — Du ungerathenes Kind! enfant terrible! — Siehst Du's jetzt noch nicht ein, daß ich recht gehabt hab', mich gegen das Vertrautthun mit dem ordinären Müllerlümmel mit Händen und Füßen zu sträuben?

Rosa (plötzlich ernst). Ja — der Lois —

Brikm. Kannst Du denn jetzt ohne Schauder d'ran denken, daß dieser Bauerntölpel zu Dir seine Augen erhebt, zu Dir, zu deren Füßen vielleicht bald Barone und Grafen sich die Kniee wund rutschen werden?

Rosa. Barone? — Grafen —? Vater! mir wird ganz schwindlich!

Brikm. Gut — etwas Schwindel gehört auch zur Noblesse. Wegen dem Müller darf Dir übrigens nicht bange sein — mit dem hab' ich heut' schon discurirt.

Rosa. Sie haben mit ihm gered't?

Brikm. Ja — ich hab' ihm alle Grobheiten darüber g'sagt, daß Du in ihn verliebt bist. —

Rosa. Was? — das — das haben's ihm g'sagt? — Vater! — das war recht — recht — unüberlegt von Ihnen! Jetzt bild't sich der Mensch am End' wirklich ein, daß ich in ihn verliebt bin!

Brikm. (erstaunt). Ja — bist Du's denn nicht?

Rosa. Aber Vater, wo denken Sie denn hin? — G'fallen hat er mir, das ist wahr, denn er ist nicht so ein Schuß wie die andern Burschen — er hat so was gewiß's g'setzt's — sauber ist er auch — alle Mädeln schauen sich fast die Augen nach ihm aus, und da — na, ich kann's nicht läugnen, da hat's mich g'freut, daß er für gar kein' Andere einen Sinn g'habt hat, sondern oft ganz wie versteinert dag'standen ist, wenn er mich g'sehen hat, es hat mich auch interessirt, wenn er so mit mir hat reden woll'n, und oft vor lauter Verlegenheit kein Wort herausgebracht hat, und deßwegen hab' ich auch manchmal ein bißl freundlich gegen ihn gethan, aber verliebt sein — (mit einem gewissen Stolz) ich — in so einen Menschen —

Brikm. (hat sie mit sichtbarer Freude angehört). Ah, so ist's? hehehe! (Sie in die Wange kneipend.) Das Mädel ist für die noble Welt geboren — ganz seine Coquette!

Rosa. Ich schäm' mich ordentlich jetzt vor ihm. (Wendet sich gegen das Fenster.)

Brikm. Du wirst keine Gelegenheit zum Schämen haben, denn er wird nie mehr unser Haus betreten.

Rosa (wirft einen Blick zum Fenster hinaus und fährt beinahe erschreckt zurück). Da — da ist er! —

Brikm. Wer?

Rosa. Der Lois!

Brikm. und Elise. Der Lois? (Rennen Beide zum Fenster.)

Brikm. Alle Wetter — richtig — er kommt durch den Park her — mit einem Frauenzimmer. —

Rosa. Wer ist denn das Frauenzimmer?

Brikm. (hält sich die Hand über die Augen, um besser zu sehen). Ja — sie ist's! — sie ist's! (Geht vom Fenster weg und rasch im Zimmer auf und ab.)

Rosa (dringend). Wer? wer?

Brikm. Heut' noch die Gutsbesitzerin.

Rosa (etwas leichter). Ach die!

Elise. Na, kriegt man die stolze Dam' doch auch einmal zu sehen? Hat's ja sonst nie der Mühe werth gefunden, daß sie herausgekommen wär'! —

Brikm. (der simulirend auf- und niedergegangen, bleibt in der Mitte stehen). So — ja, so, und nicht anders muß gehandelt werden. Weib! Tochter! Her da zu mir, hört mich an! — Es handelt sich vor Allem darum, die Baronin so zu stimmen, daß sie den Kauf schnell eingeht. — Sie muß also vor Allem glauben, daß sie's mit schlichten, aber grundehrlichen Leuten zu thun hat — man muß sich also ein bißl verstellen, heut noch sehr devot, sehr unterthänig gegen die Frau Baronin —

Rosa. Aber gegen den Lois? Wie benehm' ich mich gegen den Lois?

Brikm. Impertinent! Auf jeden Fall impertinent!

Rosa. Aber Vater! — Das kommt mir doch zu hart vor.

Brikm. (strenge). Du wirst thun, was ich Dir schaff', wirst kalt sein — wenigstens 25 Grad unter Null Réaumur und stolz — sehr stolz gegen ihn, er soll in Dir die zukünftige Gutsbesitzerische ahnen! — Aber still — sie sind schon an der Thür, Acht geben was ich thu! (Es wird geklopft.) Herein!

Dreizehnte Scene.

Vorige. Emilie, Eugen und Lois.

Emilie (tritt, Eugen an der Hand führend, ein). Lois (folgt).

Brikm. (sich überrascht stellend). Ah was seh' ich? Euer freiherrlichen Gnaden! — Sie in hocheigener Person — (Geht ihr entgegen und küßt ihr die Hand.)

Elise (knixend). Das ist ja eine ganz besondere Ehre.

Emilie. Seid mir gegrüßt, lieben Leute. — (Rosa in's Auge fassend.) Dieß Ihre Tochter, Herr Inspector?

Brikm. Zu dienen, Ew. Gnaden! Mein einziges Kind — Rosa! Küss' doch der gnädigen Frau die Hand!

Rosa (geht zu Emilien und will ihr die Hand küssen).

Emilie. Nicht doch, liebes Kind! (Küßt sie auf die Stirne.) Ein recht schönes Mädchen. Ich bin herausgekommen, um mich nun doch persönlich von den Verhältnisse dieses Gutes zu überzeugen.

Brikm. Ich steh' ganz zu Diensten, Ew. Gnaden! Aber ist's nicht gefällig Platz zu nehmen?

Lois (der bisher an der Thür stehen geblieben, will einen neben derselben stehenden Stuhl nehmen und ihn vortragen).

Brikm. (es bemerkend). Laß Er nur! (Nimmt ihm den Stuhl ab und trägt ihn selbst vorwärts.) Ich weiß überhaupt gar nicht, was Er da zu thun that.

Emilie. Ich hatte mich verirrt, und kam zur Waldmühle — Herr Lois war so gefällig mich hierher zu führen! (Setzt sich in den von Brikmann gebrachten Stuhl, und nimmt Eugen auf ihren Schooß.)

Brikm. Das war seine verfluchte Schuldigkeit, aber jetzt sind Ew. Gnaden da — jetzt kann er schauen, daß er wieder weiter kommt! (Zu Lois gegen die Thüre weisend.) Allez!

Emilie. Herr Lois wird hier bleiben!

Brikm. (erstaunt). Was? Hier bleiben? — Wieso hier bleiben? Hier in meinem Zimmer?

Emilie. Ich habe in ihm einen braven, ehrlichen Mann kennen gelernt, der Landwirth genug ist, um mich über den wahren Werth der Besitzung zu belehren, er hat die Freundlichkeit, mein Rathgeber zu sein.

Brikm. (für sich). Verflucht! (Laut.) Hm! Ich hätte gedacht, daß ich dazu genug wär!

Emilie. Ich wünsche es so! — Also wollen Sie mich für's Erste in Kenntniß setzen, welche Erträgnisse das Gut abwirft, mit welchen Lasten es beschwert ist u. s. w.

Brikm. Das kann gleich geschehen! — Die Wirthschaftsrechnungen sind da! (Holt vom Schranke ein großes Buch und tritt damit zum Tisch.) Euer Gnaden erlauben schon. (Setzt sich an die andere Seite des Tisches.)

Emilie (freundlich zu Lois). Nun, Herr Lois, als mein Rath haben Sie nicht nur Stimme in dieser Angelegenheit, sondern auch Sitz. — setzen Sie sich hier zu uns.

Lois. Mit Verlaub! (Holt sich einen Stuhl und trägt ihn zum Tisch, so daß er zwischen Brikmann und Emilie zu sitzen kommt.)

Brikm. (erhebt sich unwillig von seinem Sitze, stemmt beide Arme auf den Tisch, sieht Lois mit durchbohrenden Blicken an, dann mit verbissenem Ingrimm): Na — ist recht — ist schon recht. (Für sich.) Nur heut noch Mäßigung!

Emilie. Also, beginnen Sie!

Brikm. (hat sich wieder gesetzt, mit erheuchelter Gemüthlichkeit). O mein Gott! Ew. Gnaden! Wenn ich denk', wie ganz anders das noch vor 15 Jahren war, wo ich dem seligen Herrn Baron noch über drei ganz unverschuldete Herrschaften habe Rechnung legen können — und wie das nach und nach bergab gegangen ist! Ja — das Wirthschaften! Das war immer die schwache Seite vom Herrn Baron! Keine Oeconomie!

Emilie. Es hat ihn auch manches unverschuldete Unglück getroffen — Sie wissen ja selbst, nach dem Verkaufe des benachbarten Gutes Lindenhöh —

Lois. Ja, das war ein großes Unglück! Die Geschichte hat damals Aufsehen genug gemacht! Der Herr Baron hat grad 50,000 Stück blanke Ducaten für das Gut eingenommen, legt's in seine Schatullen, in der schon über 20,000 Ducaten waren, in seinem Schlafzimmer, und über Nacht wird's Fenster ausg'hoben und die ganze Cassa gestohlen! — Am andern Morgen ist wohl gleich Lärm g'schlagen worden — die Gerichte waren gleich hinterdrein — die ganze Gegend ist durchsucht worden — und keine Spur — aber gar keine Spur von dem Thäter!

Brikm. Der redet wieder! Die Behörde hat sogleich öffentlich erklärt, daß sie dem Thäter bereits auf der Spur ist.

Lois. Na — es sind aber seit der Zeit vier Jahre her.

Brikm. Macht nichts — die Behörde ist doch immer noch auf der Spur.

Emilie. Das Unglück läßt sich nun nicht ungeschehen machen — also zu unserer Angelegenheit — aber (blickt auf Eugen, welcher indeß auf ihrem Schooße eingeschlafen ist). Sieh da — mein Kleiner ist, durch die ungewohnte Bewegung ermüdet, eingeschlafen! Könnte ich ihn nicht zu Bette bringen?

Brikm. Aber ganz sein seliger Papa! Wie man mit dem von Geschäften gesprochen hat, ist er auch immer eingeschlafen. (Zu Elise.) Geh', Lisi, nimm den jungen Herrn und trag' ihn ins Gastzimmer ins Bett.

Emilie. Nicht doch — ich will ihn selbst zu Bette bringen — zeigen Sie mir nur das Gemach. (Steht auf, Eugen auf ihren Arm nehmend.)

Brikm. Gut! Bei der Gelegenheit können Ew. Gnaden gleich das Innere vom Schloß besichtigen. Baufällig! — Alles sehr baufällig! Das ewige Intabuliren muß das Gebäude so erschüttert haben. Lisi! Du hast die Schlüsseln — g'schwind — voraus!

Elise. Gleich, gleich! Folgen mir Ew. Gnaden nur. (Oeffnet die Seitenthür.)

Emilie (ab mit Eugen).

Brikm. und Elise (folgen).

Rosa (macht eine Bewegung als ob sie auch nachfolgen wollte, bleibt aber absichtlich zögernd an der Thür stehen).

Lois (der zugleich mit den Anberen aufgestanden, für sich). Gott sei Dank! Ich bin allein mit ihr! Wie lieb sie heut wieder ausschaut! Ich muß mit ihr reden! — Aber wie ich's anfangen soll, das weiß ich nicht! (Tritt ihr schüchtern näher.) Fräulein Rosi!

Rosa. Nun, was ist's?

Lois (vor Gefühl kein Wort findend). Rosi! — Rosi!

Rosa. Nun habt Ihr mit mir nichts Anderes zu reden? Daß ich Rosa heiß, braucht Ihr mir nicht erst so oft vorzusagen, das weiß ich eh' — Also — was wollt Ihr mir sagen?

Lois. Ich — ich? — Ah, die Sprichwörter sind doch recht falsch.

Rosa. Die Sprichwörter? — Wie meint Ihr das?

Lois. Na, da sagt so ein einfältig's Sprichwort: »Wovon das Herz voll ist, geht der Mund über!« — grundfalsch und erlogen! Denn grad wenn Einem das Herz so über und über voll ist, bringt man gar nichts zum Maul heraus!

Rosa. So — also euer Herz ist so voll? — Bon was denn?

Lois. Von was? Von was? Rosi, das können Sie noch fragen? Sie wissen doch —

Rosa (sich unwissend stellend). Wenn ich's wüßte, so fragte ich nicht!

Lois. Gehen's — thun's nicht so! Ihr Vater hat mir ja heut etwas g'sagt — was g'sagt, was mich so unsinnig glücklich g'macht hat. —

Rosa. So? Mein Vater? Was hat denn der g'sagt?

Lois. Er hat mir g'sagt, daß — mein Gott! Ich trau' mir's ordentlich nicht z'sagen — daß — daß Sie — (sich einen Rand nehmend) in mich verliebt sind!

Rosa (bricht in ein lautes Gelächter aus, welches sie gar nicht mäßigen kann). Hahaha! Hahaha! Hahaha!

Lois (ganz verblüfft). Sie lachen?

Rosa. Hahaha! Hahaha! Laßt Euch anschauen! (Faßt ihn mit beiden Händen bei den Armen und bricht aufs Neue in Gelächter aus.) Hahaha! Hahaha! (Sich die Seiten haltend.) Au weh! — Ich muß fort, sonst krieg ich vor lauter Lachen 's Seitenstechen. (Eilt unter fortwährendem Lachen ab.)

Lois (steht mit offenem Munde ganz verblüfft, und kommt erst später zu Wort). Sie lacht? Rosi, Rosi, wie ich Dich gern hab — wie ich nur an Dich denk' — nur für Dich leben möcht' — und Du — Du lachst — Du lachst, wenn ich davon red', daß Du mich lieb hast! (Bleibt mit gesenktem Haupte stehen.)

Vierzehnte Scene.

Lois. Martin.

Martin (öffnet leise die Mittelthür und steckt den Kopf herein). Ah — da ist er ja — (ruft anfangs leise). Vetter, Lois — Er hört nicht. (Lauter.) Lois! Lois!

Lois. Wer ruft? (Sich umsehend.) Ihr? — Was machet Ihr da?

Martin. Komm' heraus, komm' nur einen Augenblick heraus!

Lois. Laßt mich geh'n! — Ich hab' jetzt keine Lust, euer närrisch Zeug's anzuhören. —

Martin (tritt ein und faßt ihn am Arme). Komm mit mir hinaus!

Lois. Was habt Ihr denn?

Martin. Ich verhelf' Dir zur Rosi.

Lois. Was? was? — Ah! Der Narr!

Martin. Wenn ich ein Narr bin, so mußt Du mir um so sicherer glauben, denn Kinder und Narren — Du — weißt ja, — aber komm — komm, da kann ich Dir's nicht sagen — komm mit mir in den Garten hinaus! (Zieht ihn fast mit Gewalt zur Thür hinaus.)

Fünfzehnte Scene.

Brikmann, Emilie (kommen zurück).

Brikm. (sich umsehend). Der Lois ist nicht da — desto besser — den Augenblick muß ich benützen. (Laut.) Ew. Gnaden haben jetzt g'sehen, in welchem Zustand das Schloß ist. —

Emilie. Es ist Alles vernachlässigt — es wäre eine bedeutende Restauration nöthig. —

Brikm. (übertreibend). Das glaub' ich, an 20,000 Gulden müßte man wenigstens in die Hand nehmen. — Und grad so schaut's auch mit den Grundstücken aus — Alles Steingrund — tragt nichts — und das haben sie auf 200,000 Gulden g'schätzt — aber ich sag, Ew. Gnaden, nicht 150,000 Gulden ist's werth und 160,000 Gulden sind b'rauf vorgemerkt. —

Emilie (setzt sich und stemmt das Haupt in die Hand). Ich bin also vollkommen zu Grunde gerichtet? —

Brikm. Ja, wenn Ew. Gnaden das Gut behalten, so ist Ihnen nicht zu helfen — da kommen Sie immer tiefer in die Schulden hinein — das will ich Ihnen mathematisch beweisen. (Setzt sich ihr gegenüber an den Tisch.) Rechnen wir einmal. Geben Sie Acht. 160,000 Gulden (schreibt mit einem aus der Tasche gezogenen Stück Kreide auf den Tisch) lasten b'rauf — sehen Ew. Gnaden — da stehen sie mit fünf Percent (rechnet) macht alle Jahr 8000 Gulden Interessen — ist das klar?

Emilie. Vollkommen!

Brikm. Schön von Ihnen! Jetzt schauen Sie da in das Buch (schlägt es auf). Die Erträgnisse der letzten Jahre sind nie höher als 5000 fl. gewesen — also müßten Ew. Gnaden noch alle Jahre 3000 fl. b'rauf zahlen. — Ist Ihnen das klar?

Emilie. Ja, ja! I . . . das Gut auf jeden Fall verl . . .

Brikm. Sehr . . . lreich bemerkt! Verkaufen — das ist vollkommen meine Meinung. — Ich hab' auch schon einen Käufer, der den ganzen Schätzungswerth von 200,000 fl. zahlen will — dann sind die Schulden gedeckt, und 40,000 fl. bleiben Ihnen noch in Händen.

Emilie. 40,000 fl. — das ganze Vermögen meines Sohnes.

Brikm. Wenn Sie's aber lang anstehen lassen, wird's noch weniger — die Interessen fressen Sie auf — das sag' ich Ihnen als ehrlicher Mann!

Emilie. Die Sache muß also rasch betrieben werden.

Brikm. Rasch! Das hab' ich auch gedacht, und b'rum hab' ich mir da (indem er eine Schrift hervorzieht) schon eine Vollmacht aufsetzen lassen, die Ew. Gnaden nur zu unterschreiben brauchen. Da ist Tinte und Feder — also — ich bitt' — (hält ihr eine Feder hin.)

Emilie. Nun gar so eilig ist's doch wohl nicht? (Steht auf.)

Brikm. (ebenfalls aufstehend). Sehr eilig — ich sag's Ew. Gnaden als ehrlicher Mann. Der Käufer besinnt sich am Ende anders — jeder Augenblick Verzug kann schaden. — Ruiniren Ew. Gnaden nicht selber Ihren Sohn — unterschreiben Sie. (Dringt ihr die Feder auf.)

Sechzehnte Scene.

Vorige. Lois.

Lois (kommt aufgeregt herein). Ew. Gnaden —

Brikm. (für sich). Muß der Teufel den herführen. (Laut und barsch.) Was will er?

Emilie. Ah, gut, daß Ihr da seid. — Herr Brikmann macht mir eben einen Vorschlag, der mir annehmbar scheint. —

Lois. Der Herr Brikmann? der Herr Brikmann? (Sieht ihn verächtlich vom Kopf bis zum Fuße an, zu Emilie.) Ew. Gnaden! Ich muß jetzt fort — aber am Abend bin ich wieder da — versprechen Sie mir, nichts, gar nichts in der Sache zu unternehmen, bis ich wieder zurück bin. —

Emilie. Ich verspreche das — doch wohin wollt Ihr denn gehen?

Lois (Brikmann firirend). Hinüber in's nächste Stadtl, wo der Doctor Schlepper Notar ist.

Brikm. (zusammenschreckend, für sich). Was ist das?

Lois. Ich hab' ein kleines Geschäft im Wirthshaus „zum goldenen Schiff“. —

Brikm. (für sich). Himmel und Erde! Er hat Wind — jetzt heißt's umsatteln.

Emilie. Nun gut, ich warte, bis Sie zurückkommen. Heute Abends wollen wir weiter sprechen. Nun will ich wieder zu meinem Eugen. — (Will fort.)

Brikm. (dringend). Aber Ew. Gnaden, unser G'schäft —

Emile. Bis heute Abend, dann will ich mich auf jeden Fall entschließen. (Ab.)

Lois (für sich, Brikmann von der Seite ansehend). Der Martin hat recht g'hört — ich seh's dem im G'sicht an. —

Brikm. (Lois von der Seite ansehend). Verfluchter Kerl! Mir einen solchen Strich durch die Rechnung zu machen. Aber mit dem Burschen nehm' ich's schon auf — den krieg' ich herum.

Lois. Na also — b'hüt' Gott, Herr Brikmann! (Will fort.)

Brikm. Na, habt Ihr's denn gar so eilig? — Ihr seid den weiten Weg von der Mühl' herübergekommen, und jetzt wieder den weiten Weg bis in's nächste Stadtl, wollt Ihr nicht früher ein Glas Wein trinken?

Lois. Dank' recht schön — ich bin nicht durstig und hab' auch keine Zeit zu versäumen. — (Will fort.)

Brikm. So wart't doch — (Ruft.) Rosi!

Lois (stehen bleibend). Die Rosi?

Rosa (hinter der Scene). Was schaffen's, Vater?

Lois (für sich). O Gott, die liebe Stimm'!

Brikm. Bring' einen Krug Wein herüber — aber Du selber. (Zu Lois.) Na, so unhöflich werdet Ihr doch nicht sein, daß Ihr ein Glas Wein verschmäht, was Euch die Rosi credenzt?

Lois. Die Rosi — mir! — ja — ich bleib' einen Augenblick. (Für sich.) Ich muß doch sehen, ob sie wieder so garstig z'lachen anfangt.

Siebzehnte Scene.

Vorige. Rosa.

Rosa (kommt mit einem Krug Wein). Da, Vater! (Stellt ihn auf den Tisch.)

Brikm. Gläser her — drei Gläser!

Rosa. Drei? Für wen denn?

Brikm. Da, der ehrliche Lois wird mit mir trinken.

Rosa (erstaunt.) Der Lois?

Brikm. Der Lois — und Du wirst die Honneurs machen.

Rosa. Ich — Vater?

Brikm. Na, g'schwind die Gläser! (Geht mit Rosa zu dem Schranke, worauf die Gläser stehen, während sie dieselben mit der Schürze abwischt, leise zu ihr). Rosi! wenn Du mir mit dem Lois nicht freundlich bist, schlag ich Dir alle Glieder entzwei. —

Rosa (erstaunt). Was?

Brikm. (halblaut). Keine Widerred' — (Laut.) Also g'schwind — einschenken!

Rosa (geht zum Tisch zurück und schenkt die Gläser voll).

Brikm. So — jetzt trink's dem Lois zu.

Rosa. Warum denn nicht? (Klopft an dem Glase.) Soll Euch gut anschlagen! (Hält Lois das Glas hin.)

Lois (freudig). Sie haben b'raus getrunken? — Der Wein muß einem gut anschlagen! (Leert das Glas.)

Brikm. (leise zu Rosa). Sei freundlicher! Lächle — mehr! Lächeln, sag' ich!!

Rosa (schenkt das Glas nochmals voll). Trinket, Lois, es ist Euch vergönnt.

Lois. Nein, nein, ich bin den Wein nicht gewohnt —

Brikm. Freilich, ein Müller lebt vom Wasser!

Lois. Und mir macht das erste Glas schon so warm — so warm — haben ja Sie zuerst b'raus getrunken.

Brikm. Ah, der Wein macht Euch nichts — 's ein gesunder Wein. — Aber setzt Euch daher — so — die Rosi neben Euch. (Stößt Rosa an.) Führ' ihn zum Tisch.

Rosa (nimmt Loisens Hand). Ja, komm — setzt Euch zu mir — (Freundlich lächelnd.) Na — wollt Ihr nicht? (Führt ihn zum Tisch, wo er sich niedersetzt.)

Brikm. (setzt sich ebenfalls und nimmt ein Glas.) Also, Lois, auf die G'sundheit der Rosi! —

Lois. Auf ihre G'sundheit! (Nimmt das Glas rasch.)

Brikm. Aber austrinken! Sonst gilt's nicht!

Lois (leert das Glas auf einen Zug, man merkt nach und nach, daß ihm der Wein zum Kopf steigt). Ausgetrunken bis auf die Nagelprob'.

Brikm. (schenkt ihm wieder ein).

Lois (will es verhindern). Na, na, — nicht mehr — ich kann's nicht vertragen!

Brikm. Nur ruhig! Es gilt noch was Anders. (Gemüthlich.) Schau, Lois! Ich bin ein hitziger Kerl — und mein's oft nicht so, aber das Rabl lauft mir gleich über. Wir haben uns heut' Früh ein wenig hart g'red't —

Lois. Ja, Sie haben mir gedroht, mich von Ihren Knechten da wegprügeln zu lassen.

Brikm. Na, und siehst, jetzt sitzen wir doch bei einem Glas Wein beisammen. Es war nicht so arg g'meint, also — vergessen und vergeben — stoß an!

Lois. Meinetwegen! Ich vergeb' leicht. — (Trinkt.) Aber Rosi! Wollen Sie auch, daß ich vergeß'?

Rosa. Was denn, lieber Lois?

Lois. Lieber Lois sagen Sie jetzt, aber vorhin, vorhin haben Sie mich ausgelacht, wie ich Ihnen g'sagt hab', daß Sie mir gut sind.

Brikm. Ausgelacht hat sie Euch? Hahaha! Und darauf gebt Ihr was? Lois! — Rosi geh' uns drei Schritt vom Leib.

Rosa (sieht auf und geht vom Tisch weg).

Brikm. Ich muß Euch etwas sagen —

Lois. Was denn?

Brikm. (indem er einen Arm um Loisens Schulter legt). Ihr kennet die Weiber noch nicht!

Lois. Das ist schon möglich! —

Brikm. Die Weiber — verstehst — aber trink doch.

Lois (unwillkürlich gehorchend). Ja, ich trink schon, aber weiter — weiter! (Trinkt.)

Brikm. Also die Weiber — die sind g'rad wie die Schiffer — siehst — wenn ein Schiffer in sein Schinacklkahn sitzt, und er will dorthin — so setzt er sich beim Rudern so — g'rad mit dem Rücken gegen das Ufer gewendet, dem er zusteuern will. —

Lois. Ja wohl — ja wohl — aber die Weiber —

Brikm. Machen's g'rad so — sie stellen sich immer als wollten sie nicht da hinaus, wo's aber g'rad hinaus wollen — verstehst?

Lois. Wenn's so wär' — Herr Brikmann! wenn's so wär' —

Brikm. Sie ist verbrennt in Dich — schauderhaft verbrennt!

Lois. Wirklich?

Brikm. (schäkernd ihn in die Wange kneipend). Teufelskerl! übereinand'! Na, Bursch! — Willst Du Dich mit mir versöhnen? Was? Stoß' an!

Lois (stoßt an und trinkt das Glas aus). Mein Gott, mir wird ordentlich damisch! — Wie soll ich denn das nehmen?

Brikm. Nimm's wie Du willst, aber trink!

Lois (trinkt wieder, steht auf, sich mit dem Aermel den Schweiß von der Stirne trocknend). Puh — die Hitz — die Hitz!

Rosa. Was ist Euch denn?

Lois. Gut ist mir! Oh — unsinnig gut! Rosi! (Umschlingt sie mit einem Arme.)

Rosa (will sich losmachen). Aber Lois —

Brikm. Geh', geh', zier' Dich nicht — geb' ihm ein Bußl, — vor dem Vater darfst es schon thun.

Lois. Ein Bußl von Ihnen? — Rosi! Rosi! (Küßt sie, während sie sich nur wenig dagegen sträubt.) O Gott, o Gott! mir schwindelt, als wär ich in einem Thurm — aber ich bin noch höher — ich bin im Himmel! (Wankt auf Brikmann zu und umarmt ihn.) Und Sie — was sagen Sie? Sagen Sie's, was Sie sagen.

Brikm. Ich sag' — es kann sich Verschiedenes machen — kann sich machen — heute haben wir Kirchtag — am Abend ist Tanz im Ort — Du sollst heut' der Tänzer von meiner Tochter sein.

Lois. Tanzen mit der Rosi?

Brikm. Du allein! Rosi, ich verbiet Dir's, daß Du mit keinem Andern tanzest, als mit dem Lois.

Rosa. O, das braucht mir der Vater nicht zu verbieten, es gibt ja eh' keinen bessern Tänzer, als den Lois. — Wir haben vorig's Jahr einmal mit einander getanzt, da sind die Leut' im Kreis herum stehen geblieben und haben g'sagt: das ist das schönste Paar! (Hängt sich in seine Arme.)

Lois. Wir — Rosi! Wir ein Paar! die Freud'! — daß wir Zwei ein Paar sind! (Wankt, bezwingt sich aber.) Na — was ist denn das?

Rosa. Was ist Euch denn?

Lois (reißt sich das Tuch vom Halse, und fächelt sich damit Luft zu). Nichts — nichts! Ich spür' nur, wie's Einem sein muß, den vor Freud der Schlag trifft — so heiß — so heiß — und Alles klopft in mir! (Geht zum Tische und sinkt in den Stuhl.) Und doch so wohl! — so selig! —

Brikm. (für sich). Jetzt ist er auf der rechten Höh'! (Laut.) Aber Lois — jetzt müssen wir Euch allein lassen.

Lois. Bitt — nicht geniren! — Nur wegen mir — nicht geniren!

Brikm. Aber bleib da — Du bist erhitzt — und die Luft könnte Dir schaden! Trink' da schön langsam fort — der Wein paßt für ein freudiges Gemüth. — Also — (seine Hand fassend) wir sind Freunde. —

Lois. Freunde! — O, ich könnt' jetzt gar keinem Menschen feind sein — gar keinem Menschen!

Brikm. (für sich). Den hab' ich mir verassecurirt bis heut' Abends! (Leise zur Rosi.) Rosi, Du hast ausgezeichnet gespielt.

Rosa (sieht ihn erstaunt an). G'spielt? Vater! Sie sind mir heut' ein Räthsel!

Brikm. Räthsel? — Gut — so wart bis heut' Abend, da folgt die Auflösung — aber jetzt komm'! (Ab mit ihr.)

Achtzehnte Scene.

Lois (allein). Das Glück — das Glück — — die Rosi und ihr Vater — ich kann mir's gar nicht zusammenreimen, hahaha! Mit dem Z'sammenreimen ging's überhaupt jetzt schlecht, hahaha! Mein Kopf ist ein wenig damisch, es purzelt ein Gedanke über den andern, hahaha! Wie das gekommen ist, daß mich die Baronin g'rad daher hat führen müssen — wie war's denn? (Recapitulirend.) Hahaha! Zuerst die Waldfräule aus dem Gebüsch, und dann nachher — und nachher da der Bettler, der alte Martin — der hat mir gesagt — (Plötzlich von einer Idee ergriffen.) Heiliger Gott! Das „goldene Schiff!" Der Fremde! (Sucht in allen Taschen.) Da — da, Gott sei Dank, da hab' ich die Adresse — der Wein hat mich verwirrt — fast wär' ich eingeschlafen — aber nein, die Ehrlichkeit läßt sich nicht einschläfern, nicht unter den

Tisch trinken. (Will forttaumeln). Was ist denn das? (Sich ermannend.) Ich hab' keinen Rausch, ich darf keinen Rausch haben! ich will keinen Rausch haben, und was der Mensch will, das kann er! Herr Gott im Himmel, hilf mir nur diesmal, ich muß hinüber, und wenn ich mit dem Kopf durch eine Mauer rennen müßte. (Wankt, sich selbst ermahnend.) Lois, nimm dich zusammen! (Kräftig.) Es muß — es muß sein! (Ab.)

(Der Vorhang fällt.)

Zweiter Act.

(Eine Waldgegend. Es fängt bereits an zu dämmern.)

Erste Scene.

Lois (allein, kommt bemüht, rasch fortzuschreiten). Der verdammte Trunk! — Wie ich in die Luft hinausgekommen bin, hab' ich ihn erst recht g'spürt. Ich kenn' doch in dem Wald alle Weg und Steg, und heut' — 's ist gar dumm, heut' verirr' ich mich. Aber rein im Kreis hab' ich mich herumgedreht, und auf einmal hab' ich wieder den Herrnhof vor mir g'sehen. Es hat nichts genützt, ich hab' mich ein wenig niederlassen müssen. Jetzt ist mir wenigstens im Kopf leichter, und wegen der Viertelstund, die ich verschlafen hab', wird's just auch nicht aus sein. — (Sieht sich ringsum.) Aber was ist's denn? Macht das dicke Laub da so dunkel, oder — na, ich will doch nicht hoffen — (ängstlich) wenn ich nur sehen könnt', wie die Sonn' steht. — (Steigt auf eine Erhöhung hinan, dann erschreckend.) Heiliger Gott! — ich muß mich verschlafen haben! — Die Sonn' ist schon hinter den Bergen, g'rad daß noch die Gipfeln ein wenig glänzen — und ich — ich weiß gar nicht recht, wo ich bin, und wie weit ich noch hab'? Herr Gott, mir treibt's den Schweiß auf die Stirn. Aber jetzt nur fort — fort — vielleicht, daß ich doch noch — (Eilt beinahe laufend fort.)

Zweite Scene.

Lois. Martin.

Martin (kommt ihm so entgegen, daß er mit ihm fast zusammenstößt). Halt, halt! Rennt mich nicht nieder!

Lois (ihn erkennend). Ah — Ihr seid's? Gut, daß ich doch Wen begegne — ich bin ganz irr' im Waldweg. Wohin geht Ihr?

Martin. Nach Weißborn z'rück — es ist ja heut' auf die Nacht Kirchtag dort, und so was laß ich nicht aus, da gibt's lauter lustige Leut', und lustige Leut' lassen einem armen Teufel immer am ersten etwas zukommen, d'rum werden in der Stadt d'rin die großmüthigsten Spenden durch Wohlthätigkeitsbälle erzielt — da tanzen die Leut' aus purem Mitleid mit der Armuth. —

Lois. Also nach Weißborn — da geht Ihr da hin? (Deutet in die Richtung.) Dann ist dorthin (in die entgegengesetzte Richtung deutend) der rechte Weg für mich. (Will fort.)

Martin. Dorthin? für Euch? — Wo wollt Ihr hin?

Lois. Na, in's nächste Stadtl — »zum goldenen Schiff«, zu dem fremden Herrn — nur auf die Weis' kann ich der Baronin zum Glück verhelfen.

Martin (faßt ihn hart bei der Hand). Was? was? Hab' ich Euch deswegen Alles verrathen? Ich hab's gethan, damit Ihr euer Glück machen sollt. —

Lois. Ich — mein Glück machen?! Das ist eine dumme Redensart! Kein Mensch auf der Welt kann sein Glück selber machen — das thut ein ganz Anderer. — Aber jetzt plauschen wir nicht länger, jetzt weiß ich den rechten Weg. (Will fort.)

Martin (tritt ihm in den Weg). Auf den rechten Weg zum Narrenthurm seid Ihr! — Ihr dürft mir nicht hin.

Lois. Das möcht' ich doch sehen, wer mich aufhielte. (Will ihn aus dem Wege drängen.)

Martin. Lois! seib gescheibt! — Es ist ja umsonst — Ihr kommt nicht mehr in die Stabt vor Mitternacht. —

Lois (erschreckenb). Nicht vor Mitternacht? So weit ist es noch?

(Man hört von ferne eine länbliche Tanzmusik.)

Martin (aufhorchenb). Hört Ihr? — Hört Ihr nicht? — Die Kirchweih geht an brüben am Herrnhof — die Spiellente kommen — der Tanz fangt an.

Lois. Der Tanz? — Unb die Rosi — ich soll ihr Tänzer sein.

Martin. So kehrt geschwinb um — werbet boch enre Braut nicht so blamiren, baß Ihr sie heute sitzen laßt.

Lois. Meine Braut — bie Rosl! Meine Braut!

Martin. Ihr verliert sie, wenn Ihr nicht umkehrt, sie wirb bös werben, ein Anberer wirb sich an sie anmachen. — (Hängt sich in Loisens Arm.) Geht — geht — kommt mit mir.

Lois. Nein — nein — ich könnte boch keinen Schritt tanzen — bas Gewissen bruckt mich zusammen — ich könnt' keinen Fuß rühr'n — b'rum fort jetzt! Laßt mich aus! (Ringt sich los zu machen.)

Martin. Ich laß' Euch nicht! Lois! Ihr kennt mich noch nicht, wenn ich etwas fest will, so hab' ich eine Kraft wie ein Bär! (Hält ihn mit beiben Armen fest.)

Lois (sich wehrenb). Martin! Zum Teufel! Machet nicht, baß ich b'rauf vergeß', baß Ihr ein alter Mann seib!

Martin (mit ihm ringenb). Lois, ich sag' Dir's, ich enterb' Dich!

Lois. Der Kerl ist rein wabnsinnig! Himmelsapperment! (Stößt Martin so heftig von sich, baß bieser schreienb zu Boden fällt.)

Martin (laut schreienb). Au weh! Mir thust Du bas? (Hält Lois, welcher forteilen will, am Fuße fest.) Da bleibst! Nicht von ber Stell'! Haltet ihn auf!

Dritte Scene.

Vorige. Heinrich Richmonb.

Heinr. (im militärischen Reitermantel, bie Kappe tief in bie Stirn gebrückt, kommt, bie Hanb am Säbelgriffe, rasch aus bem Gebüsche hervor). Was geht hier vor?

Lois (überrascht). Was ist bas?

Martin (richtet sich halb vom Boben auf unb sieht Heinrich an). Gehorsamster Diener!

Heinr. Was ist Euch geschehen, Alter? (Will ihn aufrichten.)

Martin. Ich bank' Ihnen, ich treff's schon allein. (Steht auf.)

Heinr. Was schreit Ihr benn so jämmerlich? Ich bachte, ein Wanberer sei von Räubern überfallen, stieg schnell von meinem Pferb, banb es an einen Baum, unb eilte her.

Lois (schnell einen Gebanken fassenb.) Ein Pferb? Sie haben ein Pferb ba?

Heinr. Was soll bie Frage?

Martin (für sich). Alle Teufel! Der leiht sich am Enb' bas Pferb aus, unb so vierfüßig wär' es boch noch möglich — aber halt, so geht's. (Zu Heinrich leise.) Herr! um Gottes willen! lassen Sie ben Menschen nicht aus ben Augen.

Heinr. Was ist mit ihm?

Martin (leise). Er ist ein wenig — (Deutet auf bie Stirn mit ber Pantomime bes Verrücktseins.) Er rennt oft vom Haus weg, unb stellt lanter bummes Zeug an. — Ich hab' ihn zurückbringen sollen, aber ich bin ihm zu schwach — wenn's vielleicht Ihnen möglich wär' —

Heinr. Das will ich wohl zu Stanbe bringen! Wo ist er zu Hause?

Martin. Ganz in ber Näh' — in Weißborn!

Heinr. In Weißborn?

Martin. Ja, bringen Sie ihn nur zum Guts-Inspector.

Heinr. Gut, gut, ich will ihn schon zurückbringen, laßt mich nur allein mit ihm.

Martin (für sich). So — jetzt ist bafür gesorgt, baß es nicht gegen meinen Willen geht — jetzt aber g'schwind zum Inspector, daß er keine Zeit versäumt. (Rasch ab.)

Lois (für sich). Wenn er's nur thät'! (Laut.) O mein lieber Herr!

Heinr. Was wollt Ihr von mir?

Lois. Sie sehen in mir einen verzweifelnden Menschen — ich könnte Jemanden zu ein paarmalhunderttausend Gulden verhelfen. —

Heinr. (für sich). Armer Bursche! — 'S ist wirklich so, wie der Alte sagte. —

Lois. Aber die Zeit wird mir schon zu kurz — Sie könnten mir helfen!

Heinr. Ich? Auf welche Weise?

Lois (dringend). Sie haben ein Pferd. — Leihen Sie mir das Pferd!

Heinr. Mein Pferd? Wo wolltet Ihr denn hin mit dem Pferde?

Lois. Nur in's nächste Städtl — in's Wirthshaus »zum goldenen Schiff«. —

Heinr. »Zum goldenen Schiff?« Was dort?

Lois. Dort wohnt ein Fremder — Baron Sonnberg heißt er. —

Heinr. (Immer mehr überrascht). Sonnberg — ja, ja, der wohnt dort. —

Lois. Kennen Sie ihn vielleicht?

Heinr. Ja, ich bin von seiner Begleitung. —

Lois (freudig). Dann hat Sie der liebe Herrgott selber mir entgegengeschickt.

Heinr. Aber was habt Ihr mit Baron Sonnberg?

Lois. Er will das Gut Weißborn um 400,000 Gulden kaufen.

Heinr. Ja, ja, so ist's. —

Lois. Er hat die Commission dem Advocaten Schlepper übergeben!

Heinr. Bei Gott, so ist's! (Für sich.) Wo will das hinaus?

Lois. Aber der Advocat ist ein Halunke.

Heinr. Was?

Lois. Ja, er ist mit dem Gutsinspector verbandelt. — Er will ihm helfen das Gut um die Hälfte des Preises der Baronin abzudrucken, wenn er dafür 10,000 Gulden bekommt. —

Heinr. Was hör' ich? (Für sich.) Was der Bursche spricht, zeugt nicht von Irrsinn. —

Lois. Heut Abend noch soll das G'schäft mit der Baronin abgeschlossen werden.

Heinr. Mit der Baronin? Ist sie denn bereits auf dem Gute?

Lois. Freilich, schon seit heut' früh.

Heinr. Wirklich — wirklich? (Für sich.) Und der Schuft von einem Advocaten sagte, er habe sie nicht getroffen.

Lois. Ich hab' ja die gnädige Frau von meiner Mühl' herübergeleitet bis auf den Herrenhof. —

Heinr. Von eurer Mühle? Der Alte sagte mir ja, Ihr wäret selbst vom Herrenhof —?

Lois. Der alte Martin? Ah, das ist ein halbverrückter boshafter Kerl. —

Heinr. Er — er ist verrückt, und er sagte mir, daß Ihr —

Lois. Ich? Hahaha! Ich bitt' Sie, schauen Sie mir nur recht in's Gesicht!

Heinr. Nein, nein, aus allen euren Reden erkannte ich, daß Ihr eure Sinne beisammen habt.

Lois. Ja? (Für sich.) Gott! sei Dank! Jetzt hab' ich sie schon wieder beisammen!

Heinr. Ich sehe, daß Ihr ein redlicher, guter Mensch seid.

Lois. Gott sei Dank, das bin ich! Aber lieber Herr, sagen Sie mir jetzt b'rüber keine Complimente — lassen Sie uns die Zeit nicht verplaudern — leihen Sie mir Ihr Pferd. —

Heinr. Das ist nicht nöthig. Baron Sonnberg soll durch mich selbst in Kenntniß gesetzt werden.

Lois. Ist's wahr? (Für sich.) Das ist noch besser, dann kann ich die Rosi doch zum Kirchtag abholen! (Laut.) Aber Herr, kann ich mich auch verlassen?

Hein. Mein Ehrenwort zum Pfande!

Lois (beruhigt). Sie sind ein Soldat, und die Herren wissen, was das ist ein Ehrenwort! — Jetzt bin ich ruhig. —

Aber Sie! tummeln müssen Sie sich doch — denken Sie nur — hin und zurück. — Heinr. Seid unbesorgt! (Lächelnd.) Ihr kennt die Schnelligkeit meines Pferdes nicht, in einer Viertelstunde bin ich mit dem Baron Sonnberg in Weißdorn, auch darauf mein Ehrenwort! Vor der Hand nehmt meinen mündlichen Dank für euren ehrlichen Willen, und seid überzeugt, daß ich Euch nicht bloß mit dem Worte belohnen will! Doch jetzt lebt wohl! Mich treibt's zur Eile! (Ab.)

Vierte Scene.

Lois (allein). Was Lohn? — Was red't der noch von Lohn? Ich hab' meine Schuldigkeit als ehrlicher Mann gethan, schon das Bewußtsein ist mir Lohn genug — und nachher — versäumt hab ich auch nichts — die Rosi kann ich doch zum Tanz abholen und jetzt kann ich erst recht leicht tanzen — denn ein centnerschwerer Stein ist mir vom Herzen g'fallen! Juchhe! das soll heut' ein Kirchtag werden, wie ich noch keinen erlebt hab'! (Die Musik wird lauter gehört.) Halloh! spielet nur auf — spielet nur recht lustig auf! — Spielleut! jetzt findet Ihr an mir euren Mann, Juhe! (Klatscht in die Hände und springt fort.)

Verwandlung.

(Zimmer im Herrenhause. Eine Mittel- und zwei Seitenthüren, im Vordergrunde ein Tisch mit Schreibgeräthe und Lichtern.)

Fünfte Scene.

Brikmann, dann Rosa und Elise.

Brikm. (tritt durch die Mittelthür ein und ruft zurück). Laßt Euch nur gut geschehen, Alter! Trinkt im Wirthshaus auf meine Rechnung so viel Ihr wollt! (Tritt vollends ein.) Schau, hätt' mir's nie gedacht, daß mir ein alter Bettelmann so einen Dienst erweisen kann! — Aber der Lois! — Ist das ein schlechter Kerl! — Will er mir richtig das Geschäft verderben! War ein g'scheidter Gedanken vom Martin, daß er ihn zurück escortiren laßt — ich hab ihn mit Wein zudecken wollen — das ist nicht ganz gelungen — aber der militärischen Bedeckung kommt er gewiß nicht aus!

Elise und Rosa (beide bereits zum Feste geputzt, kommen aus der Seitenthür).

Brikm. Ah, seid Ihr schon fertig mit eurem Putz?

Rosa. Na, Vater, wie g'fall' ich Ihnen denn? (Dreht sich vor ihm im Kreise.)

Brikm. Für einen Bauernkirchtag schön genug. Uebrigens besuchst Du heut' so ein Landfest zum letzten Mal als mitwirkende Theilnehmerin — künftig wirst Du bei derlei Gelegenheiten nur als herablassendes gnädiges Fräulein erscheinen — im Seidenkleid und Federhut, mit der Lorgnette vor den Augen — das Bauernvolk wird »Vivat« schreien, und Du wirst so — (es zeigend) kopfnickend und stolz lächelnd durch ihre Reihen schreiten, und höchstens lispeln: »Guten Tag, liebe Leute! laßt Euch nicht stören, wir freuen uns, wenn Ihr Euch unterhaltet.«

Rosa. Hahaha! das wär' wohl nicht so übel! aber Vater! wenn ich den Müller Lois heirate?

Brikm. (schlägt die Hände zusammen). Fürchterliches Kind, ich glaube gar, dein Hirn ist so gemein, daß es einen solchen Gedanken jetzt noch ertragen kann?

Rosa. Aber Vater! Ich versteh' Sie nicht — haben Sie denn nicht selber —

Brikm. (etwas verlegen). Hm — ja aber — nun ja — ich — ich hab' ihn auf die Prob' g'stellt, hab' sehen wollen, wie er sich anstellt, wenn ich nachgeb' — aber er hat sich neuerdings uebermüthig gegen mich benommen.

Sechste Scene.

Vorige. Lois.

Lois (tritt durch die Mitte ein, bleibt aber anfangs, ohne sich bemerkbar zu machen, an der Thüre stehen).

Rosa. Was Sie sagen?

Brikm. Ich sag' Dir, er ist ein gemeiner Kerl, der meine Intentionen durchkreuzen will.

Rosa. Aber wie denn?

Brikm. Er ist eine falsche Bestie —

Rosa. Sie gehen zu weit.

Brikm. (in seiner Erbitterung fortfahrend). Red' mir nicht drein — er ist ein Intriguant — ein Verräther an deinem Glück — ein ordinärer Buschklepper — ein elender Lump —

Lois (tritt vor). Wer ist denn das, der bei Ihnen in gar so freundlichem Andenken steht?

Brikm. (macht bei seinem Anblick erschreckt einen Satz zurück). Ihr — Ihr — hier?

Lois (sich ganz unbefangen stellend). Wo soll ich denn sonst sein? Sie haben mir erlaubt, heute die Fräuln Rosi zum Tanz zu führen, und da bin ich so frei. —

Brikm. (für sich.) Himmelsapperlot! er ist da — und allein —!

Lois. Na — von wem haben Sie denn just geredet, wie ich hereingekommen bin?

Brikm. Von — von — von einem meiner Knechte. Aber sagt mir nur — von wo Ihr so allein daher kommt?

Lois. Mit wem soll ich denn gekommen sein? (Scherzend.) Den kleinen Affen, den ich von da mit fortg'nommen hab', hab' ich im Wald gelassen. •

Brikm. Mir ist etwas erzählt worden von einem Auftritt mit einem Cavalleristen, der Euch arretirt hat —

Lois. Hahaha! da hat der alte Martin sich einen Spaß gemacht, hat ihm g'sagt ich wär' verrückt — na, der hat's aber bald g'merkt, daß ich ganz vernünftig bin.

Brikm. Das war sehr unvernünftig von ihm. — Und da seib Ihr gleich wieder zurück?

Lois. Gleich wieder zurück!

Brikm. Nirgends anders g'wesen?

Lois. Wo sollt ich denn gewesen sein?

Brikm. Wart Ihr nicht im Stab'l drüben?

Lois. Gar keine Idee!

Brikm. Könnt Ihr schwören?

Lois. Ja, bei meiner Seel'!

Brikm. (aufathmend). So ist doch noch nichts verloren!

Lois. Na, also — können wir jetzt auf den Tanzboden gehen?

Brikm. Warte ein wenig, ich muß erst einen Gedanken fassen, und das geht nicht so g'schwind! (Für sich.) Ja — es ist am g'scheidtesten — ich laß ihn mit meiner Tochter zum Tanz, da kommt er so bald nicht zu Haus — und ich hab' da freien Spielraum. (Laut.) Gut — geht zum Tanz!

Rosa (tritt zu Brikmann leise). Aber Vater! wenn das wahr ist, was Sie vom Lois g'sagt haben, so denk' ich —

Brikm. (hitzig). Was hast Du zu denken, wenn ich sag: geh!

Rosa (leise). Also ist der Lois doch unschuldig?

Brikm. Was geht Dich seine Unschuld an?

Rosa. Aber, ich weiß gar nicht wie Sie heut' sind — so wild als wenn —

Brikm. Wild? nein — aufgeregt, wie man's immer ist, wenn man am Vorabende großer Ereignisse steht! Aber sie hat Recht — ich muß dem Burschen jede Besorgniß benehmen — ich muß freundlicher thun! (Mit erkünstelter Freundlichkeit.) Also, mein lieber, ehrlicher Lois, führe meine Familie auf den Kirchtag — unterhaltet Euch gut!

Lois. Wie soll man sich denn nicht gut unterhalten, wenn man mit Ihrer lieben Tochter ist?

Brikm. Na — es ist mein Weib auch dabei!

Elise. Wie lange dürfen wir denn ausbleiben?

Brikm. (heftig). Untersteht Euch nicht, vor morgen Früh zu Haus zu kommen!

Lois (jubelnd). Bis morgen Früh,

Juhe! Ich wollt', es würde gar nicht morgen. Kommen Sie nicht vielleicht auch nach?

Brikm. Hm, möglich! vielleicht wenn Alles vorbei ist! — (Für sich.) Das heißt: wenn ich komm', dann soll Alles vorbei sein. (Horchend, für sich.) Halt — ja — die Thür vom Gastzimmer hat geknarrt — es wird die Baronin sein. (Laut und bringend.) Na, was steht Ihr denn noch? — Tausendsapperment! schaut, daß Ihr Euch zum Teufel — (Sich besinnend wieder freundlich.) Na, na, geht Kinder! geht — zu einer Freude kommt man nie zu zeitlich — geh — Roserl — gib dem braven Lois deinen Arm. — (Geht voraus und öffnet die Thür.) Gute Unterhaltung! bon amusement! viel Plaisir!

Lois (reicht Rosa und Elise den Arm). Darf ich bitten? So — und jetzt sollen die Spielleut' einen guten Tag haben! Meinen letzten Thaler geb' ich heut' dafür her, daß sie uns den schönsten Tanz aufspielen! (Ab mit Elise und Rosa.)

Brikm. (ihnen nachsehend mit drohend erhobener Hand). Wart' nur, bis ich komm', ich werd' Dir den schönsten Tanz aufspielen — den Kehraus. Aber jetzt — (eilt zur Mittelthür und schließt ab) jetzt soll mich Niemand mehr stören. — Ich höre schon Fußtritte — sie ist's. Jetzt nur keine Hitze gezeigt, sondern die ganze Sach' à la liegt mir nichts dran betrieben.

Siebente Scene.

Brikmann. Emilie.

Emilie (kommt durch die Seitenthür). Guten Abend, Herr Brikmann.

Brikm. Küß' die Hand, Ew. Gnaden!

Emilie. Ich komm', um unsere Angelegenheit weiter zu besprechen. —

Brikm. Besprechen! mein Gott! was läßt sich da besprechen, ich bin nicht der Mann, der da lang herumredet! Ich sag' ehrlich, wie ich's gewohnt bin: „So und

so steht's, das ist zu machen," und dabei bleibt's.

Emilie. Wo ist denn der Müller, er versprach ja —

Brikm. Ja, hat geglaubt, er wird Ihnen ein besser's G'schäft zu Stand bringen, hat vielleicht geglaubt, selber einen Rewach dabei z'haben.

Emilie. Eigennutz trau' ich dem Manne nicht zu.

Brikm. O, Ew. Gnaden kennen das Volk in der Gegend nicht, Alles G'sindel! ich weiß es, ich bin ja mitten drunter! Hahaha! Aber jetzt ist er ganz dasig zurückgekommen — die Leut' haben ihn alle ausg'lacht, wie er nur von 200,000 fl. geredet hat.

Emilie. Aber wo ist er denn?

Brikm. Er traut sich Ihnen gar nicht unter die Augen zu kommen — er ist zum Tanz. —

Emilie. Ich sehe selbst ein, daß ein weiteres Bedenken zu nichts führt, haben Sie die Vollmacht bei der Hand?

Brikm. (gleichgiltig). Ja — ich glaub' — (zieht die Schrift aus der Tasche hervor) da ist sie. (Gibt ihr das Papier.)

Emilie (setzt sich an den Tisch und liest).

Brikm. Alles deutlich ausgesprochen — der Käufer übernimmt das Gut mit der Schuldenlast, und zahlt die 40,000 fl. baar aus.

Emilie (seufzend). Nun denn — ich bin bereit. (Steht auf und langt nach dem Schreibgeräth.)

Brikm. Halt — Geduld Ew. Gnaden! so ein Document ist zu wichtig — bei der Unterschrift müssen zwei Zeugen sein. —

Emilie (etwas beleidigt). Ich werde Ihnen meine Unterschrift nicht abläugnen.

Brikm. Es ist nur wegen der gesetzlichen Form — ein so ehrliches Geschäft hat die gesetzliche Form nicht zu scheuen. — (Mit einigem Hohn.) Schade, daß der superkluge Müller-Lois nicht da ist, aber es thun's ein Paar von meinen Hausleuten auch — warten Ew. Gnaden. (Deffnet die Thür, und ruft hinaus.) Heda, Michel, Hanns, wo stecken denn die Kerls alle?

Achte Scene.

Vorige. Michel.

Michel (erscheint unter der Thür). Es ist keiner mehr da als ich, sie sind Alle zur Musik ins Dorf hinunter. Aber was schaffens denn?

Brikm. Es handelt sich nur um eine Zeugenschaft, es betrifft den Verkauf des Gutes. —

Neunte Scene.

Vorige. Heinrich.

Heinr. (in demselben Costume wie früher, den Mantel so übergeschlagen, daß er das Kinn bedeckt und die Kappe tief ins Gesicht gedrückt, tritt bei Brikmann's Rede durch die Mittelthür).

Brikm. Aber ich brauche noch einen zweiten Zeugen.

Heinr. (tritt vor). Hier ist noch ein Zeuge.

Alle (sehen ihn erstaunt an).

Brikm. Was wollen Sie? Hab' ich Einquartierung?

Heinr. Nein, nein, ich wollte fragen, ob ich hier über Nacht Unterkunft finden könne — trat durch die offene Thür ein, und hörte, daß Ihr eben um einen Zeugen verlegen wart.

Brikm. Ja, wenn Sie die Gefälligkeit haben wollen — wir brauchen nur Ihre Unterschrift. —

Heinr. Recht gerne — doch darf ich nicht lesen, was ich unterschreiben soll?

Bri. Warum nicht? es ist die Vollmacht, das Gut zu verkaufen, ganz ehrlich verfaßt, überzeugen sie sich. (Hält ihm das Papier hin.)

Heinr. (nimmt das Papier, durchfliegt die Schrift und zerreißt sie ruhig).

Brikm. Himmelelement? Was thun Sie?

Emilie. Was soll das?

Heinr. Sie vor einem Schritte retten, der Sie um die Hälfte Ihres Vermögens bringt, vor einem Schritte, zu dem die elendste Betrügerei Sie überredete! Emilie! (Wirft die Kappe und den Mantel von sich, und steht in der glänzenden Uniform eines Obersten da.)

Emilie (zusammenbebend). Heinrich, Sie hier?

Brikm (für sich). Sie sind per O Heinrich und O Emilie?

Heinr. (zu Brikmann, ihn scharf ins Auge fassend). Sie sind der Guts-Inspector?

Brikm. Ich habe die Ehre.

Heinr. Sie haben keine Ehre, denn Sie sind ein Schurke.

Brikm. Mein Herr, ich verbiete mir —

Heinr. Was — was verbieten Sie sich? (Tritt hart an ihn.)

Brikm. (sich furchtsam zurückziehend) Nichts — gar nichts. Aber ich bin ein alter Beamter des Hauses, und habe stets nur den Vortheil im Auge. —

Heinr. Das heißt Ihren eigenen Vortheil. — Für wen wollten Sie den Kauf schließen?

Brikm. Ich — ich für einen Freund es war kein anderer Käufer da. —

Heinr. So? So? das unterstehen sich mir zu sagen? Hat Dr. Schlepper nicht mit Ihnen gesprochen?

Brikm. Dr. Schlepper? — weiß mich wirklich nicht zu erinnern.

Heinr. Sagte er Ihnen nicht, daß ein Käufer da sei, welcher 400,000 fl. für das Gut geben wolle?

Emilie. 400,000 fl. — für das Gut?

Heinr. Sie wußten um sein Offert und verschwiegen es der Eigenthümerin?

Emilie. So war ich also nur von Betrügern umgeben?

Heinr. Nein, verehrte Frau! Einen redlichen Menschen haben Sie gefunden. es ist der junge Müller, welcher Sie hieher begleitet hat, er war bemüht, den Betrug zu vereiteln.

Emilie. Lois! der ehrliche Bursche!

Brifm. (für sich). Der Lois! O, Du Hauptspitzbub!

Heinr. Doch jetzt bitte ich Sie nur eine kurze Unterredung. (Zu Brifmann und Michel mit barscher Stimme:) Rechts um! Marsch!

Brifm. (beleidigt). Erlauben Sie — Sie commandiren da mit mir, als ob Sie einen Gemeinen von Ihrem Regiment vor sich hätten.

Heinr. Wenn ich im Regiment einen Gemeinen hätte, der sich solche Gemeinheiten wie Sie zu Schulden kommen ließe, so ließe ich ihn Spießruthen laufen. Doch nun fort, wenn meine Klinge nicht auf Ihrem breiten Rücken tanzen soll.

Brifm. (leise bittend zu Heinrich, indem er auf Michel weist). Regardez les Domestiques!

Heinr. (macht eine Bewegung der Ungeduld, indem er mit seinem Säbel auf den Boden stößt, und mit der Hand gegen die Thür weist).

Brifm. Gleich — gleich! (Zu Michel.) Gut — ich weiße — aber der Lois! na der Lois! — für diesen Verrath will ich ein Exempel statuiren, von dem die Weltgeschichte reden soll. (Zu Heinrich.) Habe die Ehre mich zu empfehlen, war mir ein besonderes Vergnügen — werthe Bekanntschaft — bald wieder die Ehre — (Geht unter fortwährenden Bücklingen ab.)

Michel (folgt ihm).

Emilie (anfangs verlegen). Herr Oberst! Sie versicherten mich, daß Sie mir verziehen haben, warum bereiten Sie mir noch eine qualvolle Stunde des Kampfes zwischen meinem Herzen und meinem unveränderlichen Entschlusse? —

Heinr. Ihr Entschluß soll auch nicht verändert werden! Sie versicherten mich damals, daß, wenn Sie sich selbst im Wohlstande befänden, und ich arm vor Sie hintreten würde, mir Ihre Hand zu reichen. Nun denn — diese Stunde ist gekommen! Baron Sonnberg kauft Ihnen diese Besitzung um einen Preis ab, der Sie wieder in Wohlstand setzt — und ich — besitze nichts mehr, als das, was mir mein Stand trägt. —

Emilie. Wie — und Ihr Vermögen?

Heinr. Es ist fort, ich gebe Ihnen mein Wort darauf, sobald Baron Sonnberg das Gut gekauft hat, besitze ich nichts mehr. —

Emilie. Sobald Baron Sonnberg das Gut gekauft? Sie versuchen es umsonst mich zu täuschen. — Ich entsinne mich, als Sie vor drei Jahren durch den Orden, der Ihre tapfere Brust schmückt, in den Adelstand erhoben wurden, erhielten Sie, Sie selbst das Prädicat „von Sonnberg".

Heinr. Nun denn, wenn Ihnen dieß bekannt — ja — es ist so.

Emilie (ernst). Und Sie wollen mir also Ihr Vermögen, wenn auch unter der Form eines für mich vortheilhaften Handels, — schenken? Ich bin von Ihrem Zartsinne überzeugt, daß Sie selbst einsehen werden, daß ich ein solches Geschenk — zurückweisen muß.

Heinr. Aber theuerste Emilie!

Emilie (sanft). Kein Wort weiter, lieber Heinrich, — lieber würde ich mich vor der ganzen Welt, als gerade vor dem Manne, den ich — liebe — gedemüthigt sehen. —

Heinr. Aber — Emilie! — so geben Sie mir einen andern Weg an, der endlich zum Ziele führt. —

Emilie. Wir sind am Ziele! — Das Andenken an Ihre Liebe wird der Reiz meines in stiller Zurückgezogenheit vollbrachten Lebens sein. —

Heinr. Und ich?

Emilie. Sie sind der Mann der That! der Lorbeerkranz des Ruhmes wird Sie das einfache Reis der Myrthe leicht vermissen lassen. Doch nun bitte ich Sie, brenden wir diese Unterredung. Leben Sie wohl! (Reicht ihm ihre Hand und geht in das Seitenzimmer ab.)

Heinr. (allein). Emilie — noch ein Wort! (Will ihr nach, findet aber die Thür verschlossen.) Verschlossen wie die Pforte meines Lebensglücks. O unselige Begriffe der sogenannten höhern Welt, in welcher Vorurtheile und Rücksichten sonderbarster Art die schönsten Blüthen ersticken. Einst riß mich Mangel an Reichthum von ihrem Herzen los, und jetzt mein Reichthum selbst. O dieser Reichthum, hatte er denn, als ich unverhofft in seinen Besitz gelangte, einen andern Reiz für mich, als in dem Gedanken, ihr Leben dadurch zu verschönern! — Sie verschmäht die Gabe aus der Hand der Liebe — nun wohl, sie soll erfahren, daß ohne Sie alles Geld der Erbe mir nicht mehr gilt, als der Staub, den mein Pferd im flüchtigen Laufe aufwirbelt. — Sie ist arm und gefällt sich in dieser Armuth, so will ich auch nicht mehr reich sein. Doch nun fort, fort! (Eilt rasch ab.)

Verwandlung.

(Freier Platz im Orte. Seitwärts das Wirthshausgebäude, vor demselben Tische und Bänke. in der Mitte der Bühne ist der Tanzboden gelegt unter einem Gerüste aus Baumstämmen, welches mit grünen Reisern, buntfarbigen Guirlanden und einer reichen Anzahl von Lampen geschmückt ist. Die Dorfmusiker sitzen auf einer erhöhten Tribune und spielen lustige Weisen auf. — Aeltere Bauern stehen und sitzen bei ihren Krügen an den Tischen.)

Zehnte Scene.

Martin. Mischler.

(Nachdem die Musik eine Pause gemacht, kommt Martin aus dem Wirthshause. Mischler drängt ihn aus der Thür.)

Mischler. Na, jetzt geht, Alter, Ihr habt schon genug —

Martin (benebelt, den Hut schief auf ein Ohr gesetzt). Was genug! Ich hab' genug? — Kein Mensch auf der Welt hat genug — nachher sollt' ein Bettelmann genug hab'n? — Wirth! Ihr habt Euch sehr lächerlich gemacht! (Mehrere Bauernburschen, darunter Max, Franz, Hans, kommen hinzu.)

Alle. Hahaha! Der alte Martin!

Franz. Heut hat er wieder einmal seinen Zopf.

Mischler (zu den Bauernburschen). Ich weiß nicht, was dem Gutsinspector eingfallen ist, schickt er mir den Alten da mit einem Knecht in mein Wirthshaus, und laßt mir sagen, ich soll ihm auf seine Rechnung einschenken, was er begehrt — na jetzt könnt Ihr Euch denken, wie der alte Saufaus dazu geschaut hat!

Max. Laßt ihn gehen, der Alte ist so immer so mürrisch, erst wenn er etwas im Kopf hat, wird er spaßig.

Hans (zu Martin). Geht, Alter, laßt die Leut' reden — sie sagen schon wieder, Ihr hättet einen Rausch.

Martin. Was versteh'n die Leut' von einem Rausch? Sie wissen nicht einmal, was trinken heißt.

Max. Na, daß Ihr das besser wißt, das zeigt eure rothe Nase. —

Martin. Laßt mir meine Nasen in Ruh' — die ist meine Freud'. Andere Leut', die Geld haben, kaufen sich einen theuren Meerschaumkopf und haben ihr Freud' dran, wenn er sich schön braun anraucht, das kann ich nicht thun, drum hab ich mein Vergnügen dran, daß sich meine Nasen so schön roth antrinkt. Alle Tag schau' ich mir sie in dem Scherben von einem Spiegel, den ich in meiner Hütten hab', an, und hab' so mein Privatvergnügen!

Hans (zu den Uebrigen). Er fangt schon wieder an zu simuliren, wie er's immer beim Wein thut, wir müssen ihm noch etwas zahlen, damit er recht in's Predigen kommt. (Geht zu Martin.) Kommt, Alter, jetzt Euch daher, wir wollen noch etwas beisteuern zum Anstrich von eurem Gesichtsvorsprung. Nur noch einen Wein her!

Martin. Ja die Leut' sagen immer, man soll vor einem grauen Haar den Hut abziehen — lächerlich! — 's kann Einer graue Haar' kriegen, und dabei so dumm sein, als er mit schwarzen war, aber vor einer rechten Kupfernasen, vor der soll sich jeder ehrfurchtsvoll beugen.

Alle. Hahaha!

Martin (geht zum Tische, auf welchen indeß Wein gesetzt wurde, und trinkt aus dem Kruge). Lachet nicht, es ist was Altes: im Wein ist Wahrheit, je mehr also Einer in seinem Leben Wein in sich geschüttet hat, um so mehr Wahrheit hat er in sich aufgenommen, und so ist die Kupfernasen nichts, als ein von der Natur ausgestelltes Diplom eines Wahrheitsforschers! (Setzt sich schwerfällig auf einen Stuhl, und blickt in den in Händen gehaltenen Krug hinein.)

Franz (setzt sich neben ihn). Na, was schaut Ihr denn gar so sinnig in's Krügel?

Martin. Ich kann mich nicht satt sehen an der schönen Erfindung!

Franz. Ihr könnt Euch auch nicht satt trinken.

Martin. Wer kann sagen, daß er satt von der Tugend ist?

Max (zu Hans leise). Er faugt schon an. (Laut.) Von der Tugend? Wie meint Ihr denn das?

Martin. Ja, der Wein ist die Tugend, das will ich Euch beweisen, Ihr dummen Buben!

Die Bursche (unter sich) Hahaha — laßt ihn nur geben. —

Martin. Da geht Ihr alle Sonntag in die Lehr', und der Schulmeister ließt Euch aus den alten Büchern vor, und versteht's selber nicht — ich — ich versteh' die Schrift! Mir offenbart sich der Geist. (Trinkt.) Jungen! Liebe — dumme Jungen! Ihr wißt nicht einmal, warum der Wein auf der Welt ist! Und es steht doch so klar geschrieben! Ich will Euch's sagen.

Die Bursche. Hört! Hört!

Martin (steht wankend auf) Bei Erschaffung der Welt Anno Adam und Eva im Paradies hat's noch keinen Weinstock gegeben, das ist klar, sonst hätt' der Adam keinen Aepfelmost getrunken! Er hat seine Kinder beim Wasser anzieh'n müssen, drum ist schon der erste Sohn nichts nutz geworden, und die ganze Welt ist nach und nach so schlecht geworden, daß unser Herrgott die ganze Menschheit hat wegschwemmen lassen, — bis auf Noah avec sa famille! Jetzt, hat sich unser Herrgott denkt, will ich mir bessere Menschen ziehen, ich will ihnen einen Trank geben, bei dem ihnen das Herz aufgeht, und wo sie die Wahrheit drin finden — und so — so hat er den Weinstock wachsen lassen, und hat dem Noah die Schankgerechtigkeit gegeben. — Von dem Augenblick an hätt' also kein Mensch mehr Wasser trinken sollen, dann wär' die Welt eine schönere Welt — aber die Menschheit, die undankbare Menschheit verkennt die edle Gottesgabe, sie wässert den Wein und gründet Mäßigkeitsvereine. Es ist nichts mehr anzufangen mit der Welt. So — g'redt hab' ich — beherzigt es — — und jetzt (den Hut abziehend) zahlt euer Lehrgeld für die Lection!

Mehrere Bursche (ihm Geld in den Hut werfend). Na, da habt Ihr!

Martin. So — das ist eure Schuldigkeit. — Glaubt Ihr vielleicht Ihr macht mich glücklich mit die paar Kreuzer? Ich steh' nicht drauf an, — wenn ich einmal gut aufg'legt werde, so werf' ich Gold unter das Volk.

Max. Jetzt wird er schon wieder verrückt! (Die Tanzmusik beginnt rauschend.)

Die Bursche. Hollah! Jetzt fangt der Tanz an! Wo sind denn die Dirndeln?

Franz. Hinten in der Stuben, — holen wir sie. (Eilen ab.)

Martin (bleibt allein zurück). Da laufen sie Alle weg! Es ist aber recht — ich wär' schon wieder ins Plauschen hineingekommen, das g'schieht mir allweil, wenn ich Wein getrunken hab', ich muß grad' noch ein bißl zum Branntweiner hinüberschauen, und ein paar Gläser Doppelten draufschütten, der macht mich wieder verschlossen, weil ich dann g'wöhnlich die Jungen nicht

rühren kann! Denn was ich weiß, soll vor
der Hand noch Niemand wissen. — Dem
Lois könnt' ich's zwar sagen, der sollt's wissen, was er einmal von mir erbt. — Na,
bei Gelegenheit — man muß nicht zu gach
sein mit so etwas — hübsch langsam, das
hab' ich in der Stadt drüben von den Leuten gelernt, da gibt's eine Menge Sachen,
die die Leut' gern überstürzt haben möch-
ten, aber zum Glück sind wieder Andere da,
die sich allweil denken: Es muß ja nicht
gleich sein — es hat schon noch Zeit.

Lied.

In Vorstädten in fernen
Da haben's noch Laternen,
A Flammerl ein klanes
Wie bei ein'm Johannes,
Brennt allein in der Gassen,
Man sieht kaum sein Nasen.
Gas wär' ein Bedürfniß,
Doch 's gibt stets Zerwürfniß,
Bis b' Gemeinde wird einig,
Das geht nicht so schleunig,
Soll'n stolpern im Dunkeln noch zehn
Jahr die Leut',
Es muß ja nicht gleich sein, es hat ja
noch Zeit.

Kunstvereine sind jetzt zweie,
Der alte und der neue,
's heißt sie werden sich vereinen
Aus Zweien zu Einen,
Die Kunst wird dann blühen
Bei vereintem Bemühen;
Schon lang ist ein Gered' das,
In allen Zeitungen steht was,
Die Comité's aber werden
Nie einig auf Erden,
Die Künstler wünschen alle ein End' von
dem Streit,
Aber 's muß ja nicht gleich sein, 's
hat ja noch Zeit.

3' Wien am hoh'n Markt in der Mitt'n
War 'ne hölzerne Hütt'n,

War recht schön diese Hütt'n
Am hoh'n Markt in der Mitt'n;
D' Leut hab'n sich schon g'stritten
Was drin g'schieht in der Hütt'n.
Nach drei Jahr'n, nach viel'n Bitt'n
Ist's jetzt weg. — In der Hütt'n
Haben's drei Jahr sich befleißigt,
Ein Paar Statuen g'weißigt,
„Und beßweg'n die Hütten drei Jahr?"
sag'n b' Leut,
Das müßt' wirklich nicht gleich sein,
das hätt' schon noch Zeit."

Verschönert wird b' Stadt jetzt,
Doch 's fällt mir ein grab' jetzt,
Der Markt von alt'n G'wand'ln
Der All's thut verschandeln,
Barracken zum Entsetzen,
Ganz ang'füllt mit Fetzen,
Für's Feuer auch gefährlich,
Und sie wär'n doch entbehrlich,
Wie lang hat's schon g'heißen:
Sie müssen's wegreißen —
Seit zehn Jahr'n warten drauf schon die
Leut',
Na — 's muß ja nicht gleich sein,
es hat ja noch Zeit.

Aerger als die, die stehlen,
Sind b' Wuchererseelen —
D' Leut ziehn's, 's ist 'ne Schand, aus,
Und saug'n 's ganze Land aus,
Da sollt' man doch denken
Ein G'setz soll's beschränken,
's wird g'redt und wird g'schrieb'n,
Doch beim Alten ist's blieben,
Ihr G'schäft treiben die Räuber
Wie ehemals noch sauber —
Soll'n halt sich b'Haut abziehen lassen
die Leut' —
Das G'setz muß nicht gleich sein —
es hat ja noch Zeit!

Nach Einheit man sehnt sich,
Doch Deutschland, das trennt sich
Noch stets in Parteien,
Die sich nur entzweien,

D' Fürstenthümer, die kleinen,
Woll'n sich nicht vereinen,
D' Kabineter zertragen sich —
Die Völker beklagen sich —
Von den großen Geistern
Wird's schon Einer bemeistern,
Daß's Vaterland sich seiner Einheit er-
freut,
Aber das muß nicht gleich sein, das
hat ja noch Zeit.

Eilfte Scene.

Vorige. Lois. Elise. Rosa.

Lois (kommt, Elise und Rosa am Arme führend, etwas stolz auf den Tanzboden).
Franz. Da schaut her — da schaut her!
Mar. Der Müller-Lois.
Hans. Mit der Inspectorischen.
Mehrere (durch einander). Ein schönes Paar — meiner Seel!
Mar. Ein stattlicher Kerl der Lois.
Lois (mehr in den Vordergrund tretend, und rings grüßend). Grüß Euch Gott! Männer und Bub'n, grüß Euch Gott! (Zu Elise.) Madame Brikmannin, Sie erlauben, daß ich den nächsten Tanz mit der Fräule Rosi tanz.
Elise. Ja, ja, laßt Euch nicht aufhalten.
Lois (sie zu einem Tisch führend, an welchem mehrere Frauen sitzen). Nehmen Sie derweil Platz bei der Frau Richterin.
Elise (setzt sich zu den Frauen).
Lois (geht mit Rosa dem Tanzboden zu). Musikanten, jetzt einen ganz besonders saubern Tanz. — (Wirft ihnen ein Silberstück zu, und stellt sich mit Rosa zum Tanz an. Die Musik beginnt. Anfangs tanzen mehrere Paare, nach und nach bleiben die übrigen stehen, daß Lois und Rosa allein tanzen.)

Zwölfte Scene.

Vorige. Brikmann (mit mehreren seiner Knechte).

Brikm. (kommt in höchster Aufregung herein, mit starker Stimme). Halt! Aus ist der Tanz! Ich werd' jetzt ein Stückl aufspiel'n!
Alle (sehen ihn erstaunt an). Was ist denn das?
Elise (tritt Brikmann entgegen). Was hast denn, Mann?
Brikm. Eine Tochter hab' ich, und die — (geht rasch auf Rosa zu, welche noch mit Lois tanzt, und faßt sie ungestüm am Arme) Fort von da! Mit so einem Lumpen (Lois anblickend) tanzt kein ehrliches Mädel. (Zieht Rosa vom Tanzboden weg. Die Musik verstummt — Alles blickt erstaunt auf Brikmann und Rosa.)
Lois (steht starr vor Schreck und Ueberraschung).
Mehrere Bauern. Was ist's denn? Was ist denn geschehen?
Rosa. Vater, was haben Sie denn?
Brikm. Das sollst Du hören — das ganze Dorf soll's hören, daß sich ein Jeder in Acht nimmt vor so einem niederträchtigen Schleicher; vor so einem Spion, wie der Müller-Lois einer ist.
Rosa. Vater — um Gottes willen, halten's ein — es ist genug!
Brikm. Da schaut ihn an, wie er da steht wie ein armer Sünder. Seine eigene Niederträchtigkeit drückt ihn zusammen. In mein Haus schleicht sich der Kerl — stellt sich an, als wenn er mein Mädel freien wollt, paßt derweil auf Alles auf, was in meinem Haus g'redt wird, und tragt's andern Leuten zu, die mir schaden. Er hat mir ein Geschäft ruinirt, was mein und meines Kindes Glück g'wesen wär', ich bin ein zu Grund gerichteter Mann, und Alles — Alles durch den Schuft da!
Alle (durch einander). Ah, pfui Teufel, das ist aber granslich!
Brikm. Ja wohl — pfui! — Fidone! Ausspucken muß man vor so einem — (spuckt aus) Pfui Teufel.
Rosa (zerrt an Brikmann's Arm). Vater — fort — fort — ich ertrag's nicht. (Beginnt zu wanken.)
Elise (schreit auf). Um Gottes willen — die Rosi! Sie wird todtenblaß. (Fängt die halbohnmächtige Rosa in ihren Armen auf.)

Brikm. Schaff's nach Haus. (Zu den Bauern.) Da — da schaut's her — (mit erkünstelten Thränen) mein armes Kind, er bringt's unter b' Erden.

Lois (wacht auf. und stürzt auf Rosi zu) Rosi! Meine Rosi!

Brikm. (stößt ihn gegen die Brust). Zurück da, Kindesmörder!(Den Zärtlichen spielend, und Rosa an sein Herz drückend.) Mein Kind! Mein einziges Kind! Rufet den Ortsphysikus!

(Eine Gruppe sammelt sich um die ohnmächtige Rosa.)

Lois (steht vernichtet, keines Wortes mächtig. Mehrere Bauernbursche stehen neben Lois, ihm verächtlich den Rücken kehrend).

Der Vorhang fällt rasch.

Dritter Act.

(Wohnstube in der Mühle, ländlich einfach, aber nett eingerichtet. Eine Mittel-, eine Seitenthür und ein Fenster. Es ist früher Morgen.)

Erste Scene.

Margarethe, dann Lois.

Marg. (kommt mit einem Lichte in der Hand aus der Seitenthür). Ich glaub', man kann schon das Licht auslöschen. (Thut es, und geht zum Fenster.) Gleich ist's Tag, und ich bin die ganze Nacht in kein Bett gekommen. So lange ist der Lois noch nicht ausgeblieben. (Aengstlich umhertrippelnd.) Es ist wohl dumm — ich thu noch alleweil, als ob er ein Bub' mit zehn Jahren wär', und er ist doch schon so groß — aber so ein Bub' mag wachsen noch so groß, aus dem Herzen einer Mutter wachst er nie heraus, und größer wird er auch nicht, als ihre Sorg' für ihn. Aber was wird's denn weiter sein? — Kirchtag ist drüben, tanzen wird er, unterhalten wird er sich. (Ruhig.) Na, na, ich will mich ja gern nur sonst geängstigt haben — wenn er sich nur unterhält.

Lois (kommt leichenblaß und verstört herein). Grüß Gott. Mutter! (Hängt seinen Hut an einen Nagel.)

Marg. (freudig) Ah! Da ist er ja! Aber Du bleibst lange aus.

Lois (wendet sich, ohne auf ihre Rede zu hören, wieder gegen sie, und geht zum Tische, wo er in einen Stuhl sinkt und das Haupt in die Hand stützt).

Marg. (von seinem Anblick heftig erschreckt, schlägt die Hände zusammen, und tritt einige Schritte zurück). Heiliger Gott! Lois! — Wie schaust Du aus? (In Besorgniß.) Lois! Du bist todtenblaß — ist Dir nicht gut? (Geht auf ihn zu.) So red' doch, was fehlt Dir denn?

Lois (fährt in die Höhe, blickt Margaretha an und drückt sie dann ungestüm an seine Brust). Mutter! Mutter! Wenn Ihr nicht wäret, so (sie loslassend, und starr vor sich hinblickend) läge ich jetzt im Gießbach.

Marg. (entsetzt zurückbebend). Heiliger Gott! Lois! Lois! (Fast weinend.) Was für eine gottverlassene Red'!

Lois. Ja, — beinah' hätt' mich unser Herrgott verlassen! Wie ich jetzt so den Hügel heraufgegangen bin zu meinen Gedanken — es war noch Alles finster und die Tannenbäume sind dagestanden wie schwarze Riesen — nichts hat sich g'rührt, nichts hat gelebt — ob' war die Welt, ob' — wie mir im Herzen - da hör' ich's rauschen — ich war bei der Schlucht, wo drunten der Gießbach schießt — man hat's Wasser nicht g'seh'n, aber g'murmelt hat's so tief — so hohl — da ist's mir in den Sinn gekommen, was die Welt für ein miserables, verpfuschtes Ding ist, und wie wohl Einem sein müßt, wenn's vorbei wär' mit Allem, und man still drunten läge, wo die Wellen über Einen hinrauschen — und da — meiner Seel' — da hat's mich schon gezogen — ein Sprung —

Marg. (ängstlich aufschreiend) Lois!

Lois (lebhaft). Ja — ja — so — grad so war's, wie ich da droben g'standen bin, mit dem fürchterlichen Gedanken — da auf einmal war mir's — als hört' ich eure Stimm' »Lois!« rufen. Ihr seid mir ein g'fall'n! Mein Mutterl! Mein liebes altes Mutterl, hab' ich denkt — na! Der darf ich das Leid nicht anthun — und in dem Augenblick zwitschert das erste Vögerl — ein Lichtstreif blitzt über die Berg — und Alles, was kurz vorher so schwarz und so todt war, war wieder grün und lebendig!

Marg. Dein guter Engel hat Dich nicht verlassen. Aber sag' mir nur, was hat Dich denn auf solche Gedanken bringen können?

Lois. Mutter! — So unglücklich — so namenlos unglücklich habt Ihr mich noch nie geseh'n! (Wieder von ihr sich wegwendend und zum Tische zurückkehrend.) Die Schand' vor der ganzen Gemeinde!

Marg. (ängstlich). Mein Gott! Lois! Du — wirst doch nichts ang'stellt haben? — So red' doch! —

Lois (sitzt in starrem Schweigen).

Marg. (ängstlich die Hände ringend). Er redet nichts — was muß denn geschehen sein? (Wendet sich gegen das Fenster, wirft einen Blick durch dasselbe und fährt erschreckt zurück.) Alle Heiligen, steht mir bei!

Lois (aufspringend). Was ist's denn?

Marg. Sie holen Dich! — Schau nur — schau, ein Herr mit Schriften unterm Arm und ein Soldat sind g'ritten gekommen!

Lois (sieht zum Fenster hinaus). Ah — den Soldaten kenn' ich — sei die Frau Mutter nur ruhig, der hat mir nichts an. Aber was er nur bei uns will? Er geht richtig auf's Thor zu!

Zweite Scene.

Vorige. Heinrich. Dr. Liebmann.

Heinr. (wieder mit umgehangenem Mantel, tritt mit Liebmann, welcher ein Packet mit Schriften unter dem Arme trägt, ein).

Marg. (für sich). Ich zitt're an Händen und Füßen.

Heinr. (erblickt Lois, und geht rasch auf ihn zu). Ha, da treff' ich Euch ja!

Lois. Gehorsamer Diener! Was gibt uns denn die Ehr'?

Heinr. (auf Margarethen deutend). Wer ist —

Lois. Das ist meine Mutter.

Heinr. Ah! (Zu Margarethe.) Ich wünsche Euch Glück, liebe Frau, zu so einem wackern Sohne!

Marg. O ich bitt' — (für sich, aufathmend). Mir fällt ein Stein vom Herzen!

Heinr. (zu Margareth). Doch wollt Ihr so gefällig sein, uns allein zu lassen — ich habe Einiges mit eurem Sohne zu besprechen.

Marg. Wie Sie schaffen — ich werd' derweil das Frühstück machen. — Ist's nicht gefällig Platz zu nehmen? (Stäubt einen Stuhl ab.)

Heinr. Danke, danke. (Wirft seinen Mantel ab.)

Marg. (erstaunt). O mein Gott!

Lois (ebenfalls überrascht). Meiner Seel! — Ew. Gnaden, jetzt seh' ich erst, Ew. Gnaden sind ja schon etwas Immenses.

Marg. (will Heinrich die Hand küssen) Die Ehr' —

Heinr. Laßt das, gute Alte — geht nur an euer Geschäft!

Marg. Ja, ja, gleich! (Im Abgehen für sich.) So ein Herr und bei uns! (Bleibt noch verwundert an der Thür stehen und geht dann ab.)

Lois. Verzeihen, Ew. Gnaden nur — ich hab' da im Wald, wie ich mit Ihnen zusammengetroffen bin, so ungenirt mit Ihnen g'red't, g'rad so als wenn Sie meinesgleichen wären!

Heinr. Der Ehrlichkeit nach seid Ihr meinesgleichen und alles Andere trägt wenig aus!

Lois. Verzeihen Sie, aber nicht wahr, Ew. Gnaden sind schon so ein General — oder —

Heinr. Oberst Heinrich Richmond. —

Lois (sich besinnend). Heinrich — Richmond — den Namen soll ich ja schon gehört haben! (Sich erinnernd und in die Hände schlagend.) Ja — ja — Sie sind der, von dem die Baronin erzählt hat — Sie — Sie waren einmal ihr Liebhaber?

Heinr. Ihr wißt? — Doch um so leichter werdet Ihr mich verstehen!

Lois. Ja wohl, jetzt begreif' ich's, daß Sie gleich dabei waren, dem Baron Sonnberg die Nachricht zu bringen.

Heinr. Der bin ich selbst — Sonnberg ist mein Beiname. —

Lois. Sie selber? (Für sich) Aber zu was er zwei Namen braucht, seh' ich nicht ein! Unsereins kommt mit Einem das ganze Leben aus. (Laut.) Aber sagen Sie mir nur — Sie haben doch das Gut richtig gekauft?

Heinr. Nein — die Baronin wies meinen Antrag zurück, aber dennoch soll und muß mein Vermögen das ihre werden. — Ihr sollt mir dazu behilflich sein.

Lois. Ich? — Wie ist denn das möglich?

Heinr. Ich erfuhr, daß Ihr nicht nur euer Gewerbe als Müller versteht, sondern nebenbei auch ein tüchtiger Landwirth seid.

Lois. Ja, das trau' ich mir schon von mir selber zu sagen — ich wollt' nur, ich hätt' den Petrihof in Weißborn zu verwalten, und ein paar tausend Gulden baares Geld in der Hand; wenn ich's nicht in zehn Jahren so weit brächte, daß die Schulden bezahlt sind, und das Gut um die Hälfte mehr werth ist, so will ich nicht Lois heißen.

Heinr. Ihr spracht hier eben meinen Plan aus.

Lois. Was? — Was sagen Ew. Gnaden?

Heinr. Ja, so allein kann es gelingen, die Baronin zu bestimmen, ohne daß Sie es weiß, aus meiner Hand die Hilfe anzunehmen, die ich ihr mit so freudigem Herzen leisten will. — Ihr geht zu ihr, sagt ihr, daß Ihr entschlossen seid, die Pflege des Gutes zu übernehmen, und einen Mann — sagt meinethalben einen Verwandten, oder was Ihr wollt, nur mich nennt nicht — gefunden habt, der Euch die nöthigen Gelder vorstrecken will.

Lois. Hm — es ist zwar eine Lüge, und ich lüg' nicht gern — aber wenn man so etwas Gutes damit erreicht, wird's unser Herrgott wohl verzeihen. Aber wie ist's denn dann mit dem Geld?

Heinr. Ich habe die Leitung meiner Geschäfte jenem betrügerischen Notar entzogen, und einem mir als Ehrenmann empfohlenen Rechtsfreund, (auf Liebmann weisend) Herrn Dr. Liebmann damit betraut. Er ist im Besitze der nöthigen Vollmachten, und mein Vermögen ist bei ihm niedergelegt.

Liebm. Ja, lieber Freund! Kommt nur zu mir in allen Angelegenheiten.

Heinr. Doch nun eilt, um einen andern Schritt zu verhüten, sogleich hinüber nach Weißborn. —

Lois. Nach — nach Weißborn —? Heut' noch? Nein — nein, das ist nicht möglich!

Heinr. Warum nicht?

Lois (mit Scham und Erbitterung). Herr Oberst! Sie wissen nicht, was mir heut' Nacht drüben geschehen ist. —

Heinr. Was ist Euch geschehen?

Lois. Ich schäm' mich fast es zu erzählen. Auf dem Tanzboden vor der ganzen Gemeinde hat mich der alte Brikmann geschimpft — mich einen Lumpen geheißen.

Heinr. Der alte Brikmann — warum?

Lois. Weil ich — seinen Betrug hintertrieben hab'. — Oh — Alles — Alles könnt ich verschmerzen, — aber daß es jetzt auch mit der Rosi aus ist für immer —

Heinr. Pah! Wenn Euch das Mädchen wirklich liebt.

Lois. Ja, wenn sie mich auch liebt — nach dem Auftritte muß sie sich schämen einmal Arm in Arm mit mir gegangen zu sein, sie muß mich hassen, weil sie die Schand mitgetroffen hat — es ist aus! es ist aus! (Wendet sich um und trocknet sich die Thränen vom Auge.)

Dritte Scene.
Vorige. Rosa.

Rosa (in einem vernachläſſigten Anzuge. ein Tuch leicht um Kopf und Hals geworfen reißt die Thür auf, und ſtürzt, ohne die übrigen Anweſenden zu betrachten, leidenſchaftlich auf Lois zu, und ſchlingt die Arme um ihn). Lois! Lois!

Lois (beinahe erſchreckt, weicht einen Schritt zurück, traut ſeinen Augen nicht, und iſt kaum der Stimme mächtig). Ro — Roſi — Sie — Sie — da — bei mir.

Rosa. Ja — ja es hat mich nicht länger zu Haus gelitten — ich hab' herüber müſſen — um Dir zu ſagen, daß ich Dein bin, für ewig Dein! (Stürzt wieder in ſeine Arme.)

Lois. Du nennen Sie mich? Und in meinen Armen liegen Sie? Wie g'ſchieht mir denn? Roſi! Um Gottes willen! Reden Sie!

Rosa (raſch ſprechend, ſo daß ihr der Athem oft gebricht). Ja — Alles — Alles ſollſt Du erfahren. — Schau — Du haſt mir immer gefallen, aber ich hab' mir's nie ge ſtehen wollen, wie gern als ich Dich hab', weil der Vater immer g'ſagt hat, Du wär'ſt zu gering für mich — wie's aber den An ſchein gehabt hat — als wär's ihm ſelber recht — ſo war ich froh! Und dann heut' Nacht — am Kirchtag — Du weißt ja — der ſchreckliche Auftritt — ich hab' nicht g'wußt, um was es hergeht — aber ſie haben mich faſt ohnmächtig nach Haus ge bracht — haben mich in's Bett gelegt — ich aber — ich hab' vor Weinen nicht ſchlafen können — und da — da iſt die Frau Baronin, die gleich im Zimmer neben mir logirt, herübergekommen zu mir — ſie hat mir erzählt, was die Urſach, meines Vaters Zorn iſt — ſie — ſie hat mir erſt deinen wahren Werth kennen gelernt, und ich — ich hab' mich geſchämt, daß ich mich jemals hab' für etwas Vornehmes halten können. — Der Gedanke, daß mein Vater ſo ein Spiel mit Dir getrieben hat, daß Du glauben könnteſt, ich wär' im Einverſtänd-

niß mit ihm, hat mir keine Ruh', keine Raſt gelaſſen; in der Früh, wie's kaum grau ge worden iſt, bin ich auf — bin fort — ohne einem Menſchen etwas zu ſagen — bin ge lanfen durch den Wald daher, und da — da ſind' ich Dich — und Dein bin ich, Dein bleib ich, und wenn mich mein Vater erſchlagen wollt'! (Bricht bei den letzten Wor ten in Thränen aus und gleitet, indem ſie völlig erſchöpft in Loiſens Arm ſtürzen will, an ihm ſo herab, daß ſie zu ſeinen Füßen in halb knieender Stellung niederſinkt.)

Lois (bemüht ſie aufzurichten). Roſi! Roſi! (Zum Himmel blickend.) Herr im Himmel, verzeih mir, daß ich nur einen Augenblick hab' verzweifeln können!

Heinr. (welcher bei Roſa's Eintritt mit Liebmann in den Hintergrund getreten war, tritt nun raſch hervor). Nun iſt der Augen blick da, wo ich Euch belohnen kann!

Rosa (ihn jetzt erſt bemerkend, und ver ſchämt aus Loiſens Armen zurückweichend) Mein Gott — die Herren — (Zieht raſch das verſchobene Tuch zuſammen.)

Lois. Roſi! Vor dem Herrn brauchſt Du nicht zu erſchrecken, der weiß auch, was eine unglückliche Lieb' iſt!

Heinr. Eure Liebe ſoll nicht unglücklich ſein. Ich übernehme es, den Vater des Mädchens dahin zu bringen, daß er nicht nur öffentlich eurer beleidigten Ehre Genugthuung, ſondern auch eurer Ver bindung ſeine Zuſtimmung giebt!

Lois (freudig). Um's Himmel willen! Was ſagen Sie?

Rosa. Herr! — Machen Sie mit ſo etwas keinen Spaß! —

Heinr. Es iſt mein heiliger Ernſt — mein Ehrenwort zum Pfande, noch heute ſoll eure Verlobung ſein.

Lois und Rosa. Heut' — heut' noch!

Heinr. Doch nun befolgt meinen Rath.

Rosa. Mit tauſend Freuden!

Heinr. Sie, liebes Kind, müſſen wieder nach Hauſe — wo möglich, ehe Ihr Vater Ihre Abweſenheit bemerkt.

Rosa. Oh — das iſt leicht möglich — 's noch früh, und meine Eltern ſtehen nicht

so zeitlich auf — ich schleich' mich nur in
den Park. —

Heinr. Um noch schneller hinüberzu-
kommen, bedienen Sie sich des Wagens,
in welchem Herr Liebmann hierherfuhr, ich
reite hinüber, und bald soll auch Ihr Ge-
liebter sich auf dem Herrenhofe einfinden.

Rosa. Lois — Du kommst?

Lois (muthig). Ja, jetzt komm' ich hinüber, und wenn der Herr Brikmann an jedem Fenster eine Kartätschen-Batterie aufführen ließ.

Heinr. (zu Rosa). So folgen Sie bald
— der Wagen steht bereit. — Doch mit
Ihnen, Herr Doctor (zu Liebmann) hab' ich
noch Einiges zu sprechen. — Wollen Sie
mir in den Hof folgen? (Ab mit Liebmann.)

Lois. Jetzt sind wir allein — jetzt kann
ich Dich erst nach Herzenslust umarmen.
(Thut es.) O Gott! wie sich das auf einmal so freudenvoll verändert hat! Noch vor
ein paar Minuten war's in mir so schwarz
wie unsere Berg, wenn ein Wetter herauf-
zieht, aber das eine Wort von Dir: »Ich
bin Dein« hat alle Wolken verjagt, und
der Himmel ist wieder rein!

Rosa. Ja, was vermag oft ein Wort!

Lois. Ja wohl — wie oft liegt nicht
nach dem größten Schmerz, nach dem bit-
tersten Kummer in einem einzigen Wort
ein ganzer Himmel voll Seligkeit!

Duett.

Lois:

Mit einem Wort kann man sehr viel
    oft sagen,
Ein Wort sagt öfter mehr als b'größte
    Red',
Probier's und thu' dein Herz um etwas
    fragen,
Wirst seh'n, daß Ja nur oder Nein d'rin
    steht.

Rosa:

Ja, ja, wenn ich oft war in Gedanken,
Mich selber g'fragt hab': »Was wird
    g'scheh'n mit Dir?«

Da war in mir ein ungewisses Schwanken,
Bis endlich 's Herz nur »Lois« hat g'sagt
    zu mir.

Beide:

In dem Wort liegt 'ne Welt,
Ein Himmel voll Lust,
Wer da nicht aufjauchzt,
Hat kein Herz in der Brust.

Lois:

Wenn Dich am Altar wird der Priester
    fragen:
Willst Du sein Weib, willst Du stets treu
    ihm sein?

Rosa:

So laut, daß's alle Welt hört, will ich
    sagen:
»Mein Lois! Ja! Ja! auf ewig bin ich
    Dein!«

Lois:

In dem Wort liegt 'ne Welt,
Ein Himmel voll Lust,
Wer da nicht aufjauchzt,
Hat kein Herz in der Brust.

Rosa:

Wenn ich zu Dir dann »Mann« auch
    werde sagen
Und Du zu mir »mein Weib«, ich faß's
    noch nicht. —

Lois:

Wenn dann bereinst in fröhlich spätern
    Tagen
Ein zärtlich Wesen »Mutter« zu Dir
    spricht —

Beide:

In dem Worte liegt 'ne Welt,
Ein Himmel voll Lust,
Wer da nicht aufjauchzt
Hat kein Herz in der Brust.

(Rosa eilt ab.)

Liebm. (kommt nach dem Duelle). Also, lieber Freund! an unser Geschäft! (Setzt sich zum Tische, und legt seine Papiere darauf.)

Lois. G'schäft! G'schäft! — O je — jetzt wird's mir nicht zusammengeh'n mit G'schäften. —

Liebm. Aber der Herr Oberst wünscht —

Lois (sich besinnend). Ja — der Herr Oberst! — und der Frau Baronin ihr Glück gilt's auch — jetzt — (sich an's Herz schlagend) Herz, halt's Maul — den Kopf will ich bei einander haben! (Setzt sich zu Liebmann an den Tisch.)

Liebm. Nun seht — hier ist ein Auszug aus dem Grundbuche — hier sind die Rechnungen. —

Lois. Rechnungen! (Aufschreiend.) Hol mich der Teufel, wenn ich jetzt nur das Einmaleins träfe. — Ich kann in meiner jetzigen Stimmung nicht bei dem trock'nen G'schäft bleiben. (Man hört plötzlich außen laut durch einander sprechen, dazwischen der Ruf: „Nur in die Stube — holt einen Arzt — schnell! zu Hilfe! u. s. w.")

Lois (aufhorchend). Was ist denn das wieder?

Liebm. Was ist denn geschehen?

Lois. Ich will gleich schauen. (Eilt gegen die Thür.)

Vierte Scene.

Vorige, Margareth, dann Caspar, später Norbert (eilen nach und nach herein).

Marg. Um Alles in der Welt! Das Unglück — ich zitt're an allen Gliedern!

Lois. Was ist denn g'schehen?

Caspar (eilt herein). Die Equipage, die grad fortg'fahren ist —

Lois. Mein Gott, die Rosl sitzt drin!

Caspar. Der ist nichts geschehen! Aber der alte Martin — sie haben ihn überführt.

Lois. Was? Nicht möglich! Ist er todt?

Norbert (kommt bei den letzten Worten herein). Gott bewahr'! Recht g'schieht dem boshaften Trunkenbold!

Lois. Aber so reden Sie doch!

Norbert. Schon heut' früh, wie ich auf den Anstand gegangen bin, find' ich den alten Bettler, vom Branntwein auf zehn Schritte stinkend, ganz bewußtlos quer über die Fahrstraße liegen — ich helf' ihm auf, und leg' ihn seitwärts an einen Baumstamm, und jetzt, wie ich wieder zurückkomm' zur nämlichen Stell', rollt er, zwar erwacht, aber noch immer mit seinem Rausch nicht fertig, grad wieder hinunter auf die Straße — in dem nämlichen Augenblick fährt aus der Mühl' eine Equipage mit ein Paar jungen Pferden heraus — ich und meine Leute schreien dem Kutscher zu — der reißt wirklich die Pferde zusammen, so daß sie dicht an dem Alten schon stehen geblieben sind, aber Der in seinem Rausch, statt daß er aufg'standen wär', schlagt er mit seinem Stock auf die Füße der Pferde, die werden wild — bäumen sich — lassen sich nicht mehr anhalten, und — hast es nicht g'sehen, rollt der Wagen über den Kerl hin. Ich hab' geglaubt, die Räder müßten ihn mitten auseinander g'führt haben. — Wir laufen gleich hin, und — siehst es — Unkraut verdirbt nicht — ein paar Fußtritt am Arm von den Pferden — weiter nichts!

Lois (aufathmend). Gott sei Dank!

Norbert. Ihr habt doch nichts dagegen, daß ihn meine Leute daher in euer Haus tragen — man muß ihn doch untersuchen — verbinden, und was sich halt in der Eil' thun läßt.

Lois. Na, das versteht sich — bringt ihn nur herein!

Norbert (öffnet die Thür). Sie kommen schon — zum Glück haben meine Bursche grad eine Wildtrage mitg'habt, um die Wildsau, die ich gestern g'schossen hab', ins Forsthaus zu tragen — drauf haben sie jetzt ihn g'legt, na — 's kommt auf Eins heraus! (Ruft hinaus.) Nur da herein!

Fünfte Scene.

Vorige. Einige Jägerbursche (bringen auf einer aus Baumstämmen gezimmerten Bahre ben alten Martin herein, und stellen dieselbe mitten in die Stube).

Lois (mitleidig auf Martin zugehend). Was ist Euch denn, Alter?

Martin (ächzend und in seiner Trunkenheit lallend). Ah — ah — todt bin ich! — Mausstodt! Zusammeng'führt haben sie mich wie einen Hund! Ah! Lois! Ich bin todt!

Lois. Redet nicht so dumm — Ihr seid todt, und schreit wie ein Zahnbrecher!

Martin (richtet sich halb auf). Aber seht Ihr denn nicht? Die Räder hab'n mich zusamm'gequetscht — ich bin so dünn wie ein Bogen Papier — ich sterb' — auweh — ich sterb'!

Norbert (zu ihm tretend). Ihr sterbt, wenn der Branntwein in Euch zu brennen anfangt, Saufaus!

Martin. Ihr seid ein Esel! Alle edlen Theile sind hin — seht Ihr noch etwas von einem edlen Theil an mir?

Norbert. Nein, wahrhaftig nicht. (Zu Margareth.) Lasset nur ein kaltes Wasser hereinbringen!

Martin (mit starker Stimme schreiend). Wasser? Thut mir das in meiner Todesstund' nicht an! — Nur kein Wasser! — Das bringt mich um!

Marg. Ich werd's gleich bringen lassen — und einen Thee werd' ich ihm machen, daß er doch zu sich kommt. (Eilt ab.)

Martin (wieder mit schwacher Stimme). Lois! Vetter Lois!

Lois (zu ihm tretend). Was wollt Ihr denn?

Martin. Du bist mein Universalerb' — Du, Universal — hörst Du's? Universalerb!

Lois. Dank recht schön! Hahaha!

Martin. Lach' nicht — lach' nicht — aber (plötzlich in die Höhe fahrend) Du wirst's nicht finden — Du findest es nicht!

Lois. Was soll ich denn finden?

Martin. Dein Erbtheil — aber (sinkt wieder zurück). Oh — oh —

Lois. Was habt Ihr denn?

Martin. Durst, unsinnigen Durst! — Lois! — Erb' — Universalerb' — erleichtere mir das Scheiden von der Welt — gib mir eine Flaschen Wein — ! Ich hab' noch nicht g'frühstückt, und so in die andere Welt kommen — mit nüchternem Magen — das schickt sich nicht — ich will nicht gleich ausgerichtet werden in der andern Welt. —

Marg. (ist inzwischen mit einer Magd, welche einen Kübel mit Wasser und Linnen trägt, hereingekommen).

Norbert (hat ein Leintuch naß gemacht, und tritt damit zu Martin). So — einen kalten Umschlag.

Martin (mit der Hand zum Schlage ausholend). Du wirst gleich einen Umschlag fangen, daß Dir's Blut bei Nasen und Ohren herausspritzt! (Wieder wimmernd.) Lois, Du einzige gefühlvolle Seele! gib mir einen Wein!

Norbert (unwillig). Ei so sauf, Du Best'! bis Du Dich nicht rühren kannst, eh' ist mit ihm nichts anzufangen. (Nimmt seine Feldflasche, die er an seiner Schnur trägt, herab, und stößt sie ihm hin.)

Martin (riecht dazu, sich erhebend). Ah! Kornbranntwein! Ich verzeih' Dir, Hirschenschrecker! (Trinkt.) O — mir wird licht — so licht — das ist Verklärung. — O — so ein Sterben ist schön! O — ich hab' eine Ahnung vom Himmel! Auch jenseits wachst Branntwein! (Sinkt zurück.)

Lois. Hahaha! So hab' ich den Kerl noch nie g'sehen!

Martin (fährt wieder in die Höhe). Lois! Lois! Noch ein Wort — eh' ich entschwebe. — (Blickt auf seine Umgebung.) Es sind zu viel Leut' da — hinaus — hinaus!

Norbert (zu den Jägerburschen). Geht nur fort — hier habt Ihr nichts mehr zu thun! —

(Jägerburschen und Caspar ab.)

Martin. Lois! (Zieht ihn an der Hand zu sich.) Sie werden dir Dein Erbtheil

streitig machen. — Du kriegst Prozeß —
ich will ein Testament machen — ein Testament, sonst nehmen sie Dir das Gold
weg — und es ist viel — viel Gold — in
meiner Hütt'n — drüben am Bach — im
Keller — unter dem Stroh. — Hui! das
glanzt. — (Sinkt wieder zurück.)

Liebm. (wird aufmerksam). Was sagt
er da?

Lois (leise zu ihm). Narrheiten, die er
schon viele Jahr immer im Maul hat!

Liebm. Ei, ei, lieber Freund, es sind
schon Fälle vorgekommen, die auf wichtige
Entdeckungen führten. — Benützen wir
seine Trunkenheit, und seinen Wahn sterben zu müssen!

Lois. Na, wenn Sie meinen — aber
Sie werden sehen, es kommt nichts als
dummes Zeug heraus!

Liebm. Ich bitte Euch, stellt Euch nur
an, als nähmet Ihr die Sache aus vollem
Ernst!

Lois. Na gut! (Tritt zu Martin, ihn rüt-
telnd.) He, Martin! Martin!

Martin. Was ist's?

Lois. Ihr habt recht, wegen dem Testament — sonst nützt mir die Erbschaft
nichts!

Martin. Richtig! nützt nichts — also
— mein Testament! — Wer schreibt's auf?

Lois. Da — da ist so ein Herr!

Liebm. (tritt zu Martin). Ja, mein Lieber, ich —

Martin (sieht ihn mit starrem Auge an).
Der — da? Nein — nein — den geht's
nichts an. — Es ist keine Sünd' g'wesen
— es war keine Sünd'. Weg mit dem
Schwarzen! Ich mag die Schwarzen nicht!

Lois. Nein, nein, der Herr ist ein Advocat — ein Rechtsfreund.

Martin. Hahaha! Ein Advocat! Der
ist recht! — Der wird beweisen, daß diese
Art Stehlen kein Verbrechen ist.

Lois. Stehlen? Was kommt da heraus?

Martin. Also — Testament! — schreiben Sie das Testament!

Liebm. Recht gern — Sagt nur Alles
deutlich an! (Setzt sich zum Tisch und stellt
sich an, als schriebe er.)

Martin. Schreiben Sie! (Trinkt während des Sprechens häufig.) Schreiben Sie!
(Dictirend.) Weil ich gestorben bin — so
will ich — Haben Sie?

Liebm. Ja, ja —

Martin. So will ich begraben werden,
aber — sehr schön — mit dem ganzen
Conduct! Hahaha! Die Leut sollen sich
giften, daß ich sie so lang gefoppt hab'!

Liebm. Soll geschehen — aber —
(dringend) nur weiter — weiter!

Martin. Ja — g'schwind — der
Tod sitzt mir auf der Zungen — (trinkt)
er trocknet mir sie ganz aus! Also — ich
vermach' — geben Sie Acht — meinen
Bettelstock dem ärgsten Wucherer in der
Stadt — er soll ihn genießen — er ist ihm
vergönnt! So — jetzt sind wir fertig!
Jetzt kommt der Universitäts-Erb', das ist
der Lois! — Schreiben Sie — schreiben
Sie — schreiben Sie jetzt genau — Meine
Lehmhütt'n am Bach gehört sein, und alles
Gold, was im Keller unterm Stroh liegt!

Liebm. (steht rasch auf, und tritt zu Martin mit barscher Stimme). Woher habt Ihr
das Gold?

Martin (zusammenbebend und verwirrt).
Was will der Schwarze? es ist keine Sünd'
— ich hab's nicht geraubt — ich hab's
den Räubern abg'jagt!

Liebm. (zu Lois leise). Hört doch! hört
doch! (Laut zu Martin.) Welchen Räubern?
sprecht!

Martin. Werden Sie mir sagen, ob's
eine Sünd' ist? — ich möcht's wissen —
ich hab' öfter Scrupeln!

Liebm. Erzählet nur — erzählet!

Martin. Ja, ich will Alles beichten
— bücken Sie sich herzu! (In Liebmann's
Ohr.) Es sind vier Jahr' her!

Liebm. (immer aufmerksamer). Vier
Jahre?

Martin. Ich bin in der Mondnacht
durch den Wald — da — da sitzen im

Buſch vier Knechte vom Heirnhof—haben eine Caſſa vor ſich, wollen ſie grad auf-ſprengen — da — da ſchrei' ich, was ich kann: »Haltet ſie feſt!« Hahaha! die Kerl'n — auf'g'ſprungen ſind's — Reißaus haben's g'nommen, und ich — ich hab' die Caſſa nach Haus g'ſchleppt. —

Lois. Himmel! das iſt das Geld, was dem alten Baron g'ſtohlen worden iſt. —

Martin. Ja — dem Baron Weiß-dorn! ich hab's ſpäter erfahren. — Einem jeden Andern hätt' ich's z'rückgegeben, aber dem nicht! er hat mich an den Bettelſtab gebracht — es iſt keine Sünd' — nicht wahr — (zu Liebmann) es iſt keine Sünd' — ich hab's nicht ausgegeben — ich hab's vergraben — Alles — Alles iſt da, dem Lois gehört's! Aufſchreiben — Teſtament — Lois — Univerſal — (Sinkt zurück.) Aus iſt's! — ich ſterb'. — (Schläft endlich überwältigt ein.)

Marg. Mein Gott — er iſt doch nicht wirklich todt?

Martin (ſchnarcht laut).

Norbert. Da hört nur — er ſchläft wie ein Ratz (Ratte).

Lois. Gott im Himmel! was haben wir da g'hört? wenn das wahr wär', dann wär' ja die Baronin gerettet. (Raſch.) Gehn wir hin in ſeine Hütten — ſchauen wir nach.

Liebm. Halt, halt, mein Guter! laßt Euch von einem Eifer, das Rechte zu thun, nicht ſelbſt zu einem Unrecht verlei-ten! — Wie — Ihr wollt in ein nicht Euch gehöriges Haus einbringen?

Lois. Ah — die alte Letzmhütten von dem Bettler —

Liebm. Dem Bettler iſt ſeine Lehm-hütte, was dem König ſein Palaſt! Es wäre ein ſchweres Vergehen, in dieſelbe einzubringen, ohne früher das Gericht in Kenntniß geſetzt zu haben! Darum kommt nur mit mir, was wir hier aus ſeinem Munde gehört, können wir beſchwören, das Gericht ſodann wird nicht ſäumen, augenblicklich das Geeignete einzuleiten.

Lois. Na, iſt auch gut! Aber g'ſchwind muß es geſchehen, ich hab' keine Ruh! (Eilt zum Fenſter.) Wenzel, g'ſchwind an-ſpannen! Und Ihr (zu Norbert und Caſpar) ſeid ſo gut und tragt den da (auf Martin weiſend) ins Kammerl hinein, legt ihn ins Bett, was drin ſteht, und laßt ihm ſeinen Rauſch ausſchlafen.

Norbert und Caſpar (faſſen die Bahre an und tragen Martin in die Seitenthür ab).

Lois (zu Margreth). Und jetzt, liebe Frau Mutter! muß ich wieder fort, mit dem Herrn da — Alſo kommen Sie, keine Minuten Zeit verloren! (Ab mit Lieb-mann.)

Verwandlung.

(Park im Schloſſe wie im erſten Act.)

Sechſte Scene.

Heinrich (geht gegen das Gebäude und pocht an). Schläft denn noch Alles? (Pocht wieder.)

Siebente Scene.

Heinrich. Brifmann.

Brifm. (ſteckt zuerſt ſeinen noch mit der Nachtmütze bedeckten Kopf zum Fenſter heraus). Was gibt's denn ſchon wieder in aller Früh! (Kommt in einer Nachtjacke, die Schlafmütze noch auf dem Kopf, aus dem Hauſe, ſehr mürriſch. Indem er ſich die Augen reibt.) Das kann mich ſchon am meiſten ärgern, wenn mich wer um mein Morgenſchlaferl bringt! (Laut zu Heinrich.) Schamſter Diener! Was wollen Sie denn?

Heinr. Eine Kleinigkeit — ſeid ſo ge-fällig mich auf das Gerichtshaus zu be-gleiten.

Brifm. (ſtutzt — ſieht ihn groß an). Ge-richts — Gerichtshaus? entſchuldigen — ich hab' zu Hauſe zu thun — aber wenn Sie den Weg nicht wiſſen, ſo geb' ich Ihnen einen Knecht mit. (Will in's Haus.)

Heinr. (faßt ihn rasch am Arme und hält ihn zurück). Ich muß Euch schon bitten, Euch persönlich zu bemühen.

Brikm. (bebend). Ich — persönlich — verzeihen Ew. Gnaden — ich — ich hab' mir den Fuß übertreten.

Heinr. Es handelt sich eben um Uebertretungen. —

Brikm. (immer ängstlicher). Machen Sie keine matten Witze — ich bin ein ehrlicher Mann. —

Heinr. Der Advocat Schlepper hat bereits gestanden —

Brikm. (für sich). O du dummer Kerl! (Laut, den Muthigen spielend.) Was kann er gestehen? Ich weiß nichts — ich kann's beschwören, daß ich nichts weiß — aber gar nichts! Ich hab' nichts zu fürchten —

Heinr. Nun, so kommt nur, kommt — (Will ihn fortführen.)

Brikm. (immer ängstlicher werdend). Ist's denn gar so eilig? Herr Oberst, ein Wort —

Heinr. Was?

Brikm. Sehen Sie — ich bin wohl unschuldig — schauderhaft unschuldig — aber — diese Laufereien — diese Reiereien — dieses Ausfragen — ich versichere Sie, es ist mir sehr unangenehm.

Heinr. O, mein Lieber! es wird schnell abgethan sein—ein öffentliches Gericht.—

Brikm. Herr Oberst! schlagen Sie die Sache nieder — Sie sehen — ich bin ja bereits niedergeschlagen —

Heinr. Ich kann nicht, denn es weiß noch Jemand um die Sache — ein arger Feind von Euch.

Brikm. Ein Feind —? Jetzt möcht' ich doch wissen, wie ein Mann wie ich zu einem Feind komme!

Heinr. Es ist der junge Müller, den Ihr gestern so schwer beleidigt habt. —

Brikm. Ich war in einem unzurechnungsfähigen Zustand — ich will ihm's abbitten — öffentlich abbitten. —

Heinr. Das wäre wohl etwas — doch nicht genug!

Brikm. Noch nicht genug — ja, was will er denn noch mehr?

Heinr. Eine öffentliche Erklärung, daß Ihr ihm eure Tochter gebt. —

Brikm. Was — meine Tochter? ihm? nein — niemals! —

Achte Scene.

Vorige. Zwei Gerichtsdiener, dann ein Gerichtsbeamter erscheinen mit Lois und Liebmann (im Hintergrunde).

Brikm. (fährt entsetzt zurück). Herr Oberst! — was wollen die Gerichtsdiener?

Heinr. (für sich). Ich staune, was geht hier vor?

Brikm. (sieht immer rückwärts). Der Lois! Da ist der Lois!

Heinr. (für sich). Sei es was es sei — nun rasch! (Zu Brikmann.) Schnell! schnell bittet ihm ab — ich hole eure Tochter —

Brikm. Alles — Alles — was Sie wollen!

Lois (der indeß rückwärts mit dem Commissär gesprochen, eilt nun vor). Wo ist die Frau Baronin?

Brikm. (eilt ihm entgegen und stürzt vor ihm auf die Knie). Lois — um Gottes willen — Lois!

Lois (erstaunt). Was soll das? Halten Sie mich jetzt nicht auf — die Frau Baronin — (Gott — die Freud' — Alles gerichtlich anerkannt!

Brikm. (Lois' Füße umklammernd). Lois! Sei kein schadenfroher Mensch — rett' mich — ich bitt' Dich kniefällig um Verzeihung!

Heinr. (klatscht in die Hände).

Neunte Scene.

Vorige. Rosa, Franz, Max, Hans, Bauernbursche (kommen von allen Seiten herbei).

Lois. Was thun Sie denn?

Brikm. Ich hab' Dich beleidigt — ich hab' Dich einen Lumpen geheißen — ich nehme den Lumpen auf mich, — ich erkläre Angesichts des ganzen verehrten Publicums, daß Du ein Ehrenmann bist.

Lois. Nun ja, — schon recht — aber —

Brikm. (aufspringend). Noch ein „aber“? wo ist meine Tochter? (Blickt um sich.)

Rosa. Hier, Vater! (Eilt zu ihm.)

Brikm. Nicht zu mir — da — da — zu dem — (wirft sie in Loisens Arme) sie ist dein Weib — ich bring’ sie um, wenn sie nicht dein Weib wird.

Lois. Ist’s wahr, ist’s möglich?

Brikm. Wahr ist’s! (Kniet vor Lois nieder.) Aber jetzt schick’ den Commissär und die Gerichtsdiener weg!

Lois. Nein — nein — das Wichtigste muß noch g’schehen.

Brikm. Du wirst doch deinen Schwiegervater nicht einsperren lassen?

Lois. Wer red’t denn von dem, — aber —

Zehnte Scene.

Vorige. Emilie (kommt aus dem Schlosse).

Lois (eilt auf sie zu). Frau Baronin —

das Geld — um das Ihr Mann vor vier Jahren beraubt worden ist — da — da (eilt zurück, und kommt mit zwei Dienern, welche eine Cassa tragen, schlägt den Deckel auf, man sieht das blanke Gold) Ducaten — 70,000 Ducaten — Ihnen gehören Sie — Alles Ihnen!

Emilie (erstaunt). Was seh’ ich — redet Ihr die Wahrheit?

Liebm. (tritt vor). Ja, gnädige Frau, die Cassette wurde gefunden, und das Gericht erkannte Sie als Ihr Eigenthum.

Emilie. Gott, dieses Glück!

Lois. Meines ist noch größer.

Heinr. (eilt zu Emilie). Emilie — jetzt ist der Augenblick gekommen — ich bin nicht mehr allein reich.

Emilie. Nun soll mein größter Reichthum Ihre Liebe sein!

(Von allen Seiten drängen sich geschmückte Landleute, Jäger Dienerschaft u. s. w. herbei. — Unter allgemeinem Jubelruf fällt der Vorhang.)

Ende.

Anmerkung. Die Rolle des Alois muß vom jugendlichen Liebhaber gespielt werden, und gut besetzt sein. Im Falle er nicht singen kann, bleibt sein Entréelied und das Duett weg.

Druck und Papier von Leopold Sommer in Wien

24. Lief. Das Häuschen in der Aue. Lustspiel in 1 Akt, nach dem Französischen, La maison de bois, von Cnignéz, frei bearbeitet von Herzenskron. Zweite Auflage.
7½ Sgr. oder 35 Nkr.

25. — Die Nebenbuhler. Lustspiel in 5 Akten, nach Sheridan's „Rivals" aus dem Englischen übersetzt und zur Aufführung eingerichtet von F. C. Hanker. 10 Sgr. oder 50 Nkr.

26. — Onkel Tom. Amerikanisches Zeitgemälde mit Gesang und Tanz in drei Abtheilungen nebst einem Vorspiele, nach Stowe's Roman: „Onkel Tom's Hütte," von Th. v. Megerle.
10 Sgr. oder 50 Nkr.

27. — Ein alter Corporal. Charakter-Gemälde in 5 Akten, von Carl Juin u. P. J. Reinhard. Theilweise n. Dumanoir. 10 Sgr. od. 50 Nkr.

28. — Servus, Herr Stutzer! Posse in 1 Akt, von Carl Juin und Louis Flerz. Neue Auflage. 7½ Sgr. oder 35 Nkr.

29. — Die Ehre des Hauses. Drama in 5 Akten, von Carl Juin und P. J. Reinhard. Nach Léon Battu und Maurice Desoignes.
10 Sgr. oder 50 Nkr.

30. — Die Obsthändlerin des Königs. Drama in 3 Akten und einem Vorspiele, unter dem Titel: Der Wasserträger von Paris. Nach dem Franz. frei bearbeitet von Ther. v. Megerle. 8 Sgr. oder 40 Nkr.

31. — Gervinus, der Narr vom Untersberg, Posse mit Gesang in 3 Akten von A. Berla.
8 Sgr. oder 40 Nkr.

32. — Eulenspiegel, oder Schabernack über Schabernack. Posse mit Gesang in 4 Akten, von J. Nestroy. Zweite Auflage.
10 Sgr. oder 50 Nkr.

33. — Hempel, Krempel und Stempel. Posse in 1 Akt. Frei nach Morton's: „Grimshaw, Bagshaw and Bradshaw," v. K. Graeser.
7½ Sgr. oder 35 Nkr.

34. — Wahn und Wahnsinn. Schauspiel in 2 Akten, nach Melesville's: Elle est folle bearbeitet von Lembert. Zweite Auflage.
8 Sgr. oder 40 Nkr.

35. — Ein Florentiner-Strohhut, oder: Fatalitäten an dem Verlobungstage. Posse mit Gesang in 3 Akten, von Carl Juin und L. Flerz. 8 Sgr. oder 40 Nkr.

36. — Ein neuer Monte-Christo. Original-Charakterbild in 3 Akten von Friedr. Kaiser.
12 Sgr. oder 60 Nkr.

37. — Die schöne Fiakerin. Lokaler Schwank mit Gesang und Tanz in 3 Akten. Nach einer älteren Kringsteiner'schen Posse, frei bearbeitet von A. E. Naske. 8 Sgr. oder 40 Nkr.

38. — Eine reife Melone. Schwank in 1 Akt nach Boyle Bernard's Platonic attachements, v. K. Graeser. 7½ Sgr. oder 35 Nkr.

39. — Der Arzt wider Willen. Schwank in 2 Akten, frei nach Molière, von R. Graeser.
7½ Sgr. oder 35 Nkr.

40. Lief. Am Clavier. Lustspiel in 1 Akt von Th. Barrière und Jules Lorin. Nach dem Französischen frei bearbeitet von M. A. Grandjean. 7½ Sgr. oder 35 Nkr.

41. — All zu toll. Fastnachtsposse in 1 Akt, frei bearbeitet nach Selby's „My friend in the straps" von K. Graeser. 7½ Sgr. ob. 35 Nkr.

42. — Die Geldfrage. Lustspiel in 5 Aufzügen, von Alexander Dumas Sohn, deutsch von P. J. Reinhard. 12 Sgr. oder 60 Nkr.

43. — Diana de Lys. Schauspiel in 5 Aufzügen von Alexander Dumas Sohn, deutsch von P. J. Reinhard. 12 Sgr. oder 60 Nkr.

44. — Der natürliche Sohn. Schauspiel in 4 Aufzügen und einem Vorspiel in 1 Aufzuge, von Alexander Dumas Sohn, deutsch von P. J. Reinhard. 12 Sgr. oder 60 Nkr.

45. — Die Dame mit den Camelien. Schauspiel in 5 Aufzügen von Alexander Dumas Sohn, deutsch von P. J. Reinhard.
12 Sgr. oder 60 Nkr.

46. — Ein Hut. Lustspiel in 1 Akt. Frei nach Mad. Emile de Girardin, von M. A. Grandjean. 7½ Sgr. oder 35 Nkr.

47. — Das hohe C. Lustspiel in 1 Akt von M. A. Grandjean. 7½ Sgr. oder 35 Nkr.

48. — Das Concert. Lustspiel in 1 Akt, von P. M. Daghofer. 8 Sgr. oder 40 Nkr.

49. — Ein weiblicher Monte-Christo. Charakterbild aus dem Pariser Leben, in 4 Abtheilungen und 5 Akten mit Musik und Tanz von Th. Megerle. 12 Sgr. oder 60 Nkr.

50. — Ein Mann ohne Herz. Genrebild in 5 Akten von Al. Fr. Pann. 8 Sgr. oder 40 Nkr.

51. — Der Roman eines armen jungen Mannes. Schauspiel in 5 Aufzügen und 4 Tableaux von Octave Feuillet, bearbeitet für die deutsche Bühne von C. Juin und P. J. Reinhard. 12 Sgr. oder 60 Nkr.

52. — Im Dorf. Ländliches Charaktergemälde mit Gesang und Tanz in 3 Abtheilungen von Th. Megerle. 8 Sgr. oder 40 Nkr.

53. — Ueberall Diebe. Original-Schwank in 1 Akt von C. F. Stix. 7½ Sgr. oder 35 Nkr.

54. — Ein Rekrut von 1859. Volksstück mit Gesang in 3 Abtheilungen von O. F. Berg.
12 Sgr. oder 60 Nkr.

55. — Der böse Geist Lumpacivagabundus, oder: Das liederliche Kleeblatt. Zauberposse mit Gesang in 3 Aufzügen von Joh. Nestroy. Dritte Auflage. 12 Sgr. oder 60 Nkr.

56. — Frink und Compagnie. Charakterbild mit Gesang in 2 Akten von A. Barry.
12 Sgr. oder 60 Nkr.

57. — Der Wunderdoktor. Original-Lebensbild mit Gesang in 2 Akten von Karl Gründorf.
12 Sgr. oder 60 Nkr.

58. — Der Mord in der Kohlmessergasse. Posse in 1 Akt nach dem Französischen von A. Bergen. 7½ Sgr. oder 35 Nkr.

59. Lief. **Möbel-Fatalitäten.** Schwank in 1 Aft. von Anton Bittner.   6 Sgr. oder 30 Nfr.

60. — Eine Vorlesung bei der Hausmeisterin. Posse in 1 Aft von Alexander Bergen.   6 Sgr. oder 30 Nfr.

61. — Eulenspiegel als Schnipfer. Posse in 1 Aft von A. Bittner. 6 Sgr. oder 30 Nfr.

62. — Kling! Kling! Posse in 1 Aft von Morländer.   6 Sgr. oder 30 Nfr.

63. — Ein weiblicher Diplomat. oder: Was ein Mädchen aus Büchern lernt. Original-Luftspiel in 4 Aften von Charlotte Baronin v. Graven.   10 Sgr. oder 50 Nfr.

64. — Nur solid! oder: Carnevalsabenteuer im Schlossergasschel. Faschingsposse mit Gesang und Tanz in 1 Aft von L. Gottsleben.   7½ Sgr. oder 35 Nfr.

65. — Am Allerseelentag. oder: Das Gebet auf dem Friedhofe. Original-Volks-Schauspiel in 4 Abtheilungen nebst einem Vorspiele: Ein gegebenes Wort, von Heinrich Hausmann.   12 Sgr. oder 60 Nfr.

66. — Ein junger Gelehrter. Luftspiel in 1 Aft. Nach dem Englischen von Alexander Bergen.   6 Sgr. oder 30 Nfr.

67. — Die Frau Wirthin. Charafterb. m.Gesang in 3 Aften v Friedr.Kaiser. 12 Sgr. ob. 60 Nfr.

68. — Die Milch der Eselin. Posse mit Gesang in 1 Aft. Nach dem Französischen von Anton Bittner.   6 Sgr. oder 30 Nfr.

69. — Etwas Kleines. Charafterbild mit Gesang in 3 Aften, von F. Kaiser. 12 Sgr. oder 60 Nfr.

70. — Ein Guldenzettel. Original-Schwank in 1 Aft v. Carl Gründorf. 7½ Sgr. ob. 35 Nfr.

71. — Die Studenten von Rummelstadt Genrebild mit Gesang und Tanz in 3 Aften, von Carl Haffner.   12 Sgr. oder 60 Nfr.

72. — Der neue Don Quichotte. Luftspiel in 1 Aft, nach dem Französischen von Alexander Bergen.   6 Sgr. oder 30 Nfr.

73. — Ein Fuchs. Posse mit Gesang in 3 Aufzügen. von Carl Juin.   12 Sgr. oder 60 Nfr.

74. — Er compromittirt seine Frau. Luftspiel in 1 Acte. Nach dem Französischen von Moreno.   7½ Sgr. oder 35 Nfr.

75. — Therese Krones. Genrebild mit Gesang und Tanz in drei Acten. von Carl Haffner.   1¼ Sgr. oder 60 Nfr.

76. — Eine Ausnahme von der Regel. Luftspiel in einem Aufzuge, von Alois Berla.   6 Sgr. oder 30 Nfr.

77. — Zwei Testamente. Charafterbild mit Gesang in drei Aufzügen, von Friedrich Kaiser.   12 Sgr. oder 60 Nfr.

78. Lief. Drei Viertel auf Eilf. Schwank in 1 Act von M. A. Grandjean. 6 Sgr. ob. 30 Nfr.

79. — Einen Jug will er sich machen. Posse mit Gesang in vier Aufzügen von Johann Nestroy. Zweite Auflage.   12 Sgr. oder 60 Nfr.

80. — Nur nicht reden! Tramatischer Scherz in einem Act. von C. F. Stix.   6 Sgr. oder 30 Nfr.

81. — Unrecht Gut! Charafterbild mit Gesang in drei Acten und einem Vorspiele, von Friedrich Kaiser. 12 Sgr. oder 60 Nfr.

82. — Mein Fräulein Bruder. Luftspiel in einem Act von Alexander Bergen.   6 Sgr. oder 30 Nfr.

83. — Des Krämers Töchterlein. Original-Charafterbild in drei Acten von Friedrich Kaiser.   12 Sgr. oder 60 Nfr.

84. — Nur keine Protection. Posse mit Gesang in zwei Acten von Anton Bittner.   12 Sgr. oder 60 Nfr.

85. — Die beiden Nachtwächter oder: Ein Spuf in der Faschingsnacht. Posse mit Gesang und Tanz in drei Acten von Carl Haffner und J. Pfundheller. 12 Sgr. oder 60 Nfr.

86. — Die Bürgermeisterwahl in Krähwinkel. Schwank mit Gesang in einem Acte von C. Juin (Giugno) und L. Flerz.   7½ Sgr. oder 35 Nfr.

87. — Eine Feindin und ein Freund. Posse mit Gesang in drei Acten von Friedrich Kaiser.   12 Sgr. oder 60 Nfr.

88. — Er kann nicht lesen. Posse in einem Acte von M. A. Grandjean.   7½ Sgr. oder 35 Nfr.

89. — Ferdinand Raimund. Künstler-Skizze mit Gesang in drei Acten von Carl Elmar. Zweite Auflage. 12 Sgr. oder 60 Nfr.

90. — Der Zigeuner. Genrebild mit Gesang in einem Acte von Aloië Berla.   7½ Sgr. oder 35 Nfr.

91. — Ein Lump. Original-Posse mit Gesang in drei Acten von Friedrich Kaiser.   12 Sgr. oder 60 Nfr.

92. — Domestikenstreiche. Posse mit Gesang in einem Acte von Anton Bittner.   7½ Sgr. oder 35 Nfr.

93. — Verrechnet. Original-Characterbild mit Gesang in drei Acten von Friedrich Kaiser.   12 Sgr. oder 60 Nfr.

94. — Mein Bär und meine Nichte. Posse in zwei Acten nach dem Französischen von Alexander Bergen. 7½ Sgr. ob. 35 Nfr.

Druck und Papier von Leopold Sommer in Wien.